Nikolayi Engelmann

Virtual Reality Gaming

Nikolayi Engelmann

Virtual Reality Gaming

Potential der Technologie für die Welt der digitalen Spiele

Tectum Verlag

Nikolayi Engelmann

Virtual Reality Gaming. Potential der Technologie für die Welt der digitalen Spiele

ISBN: 978-3-8288-4130-7
E-Book: 978-3-8288-7061-1

Umschlagabbildung: shutterstock.com © Andrush
Printed in Germany

Besuchen Sie uns im Internet
www.tectum-verlag.de

Bibliografische Informationen der Deutschen Nationalbibliothek
Die Deutsche Nationalbibliothek verzeichnet diese Publikation in der Deutschen Nationalbibliografie; detaillierte bibliografische Angaben sind im Internet über http://dnb.d-nb.de abrufbar.

Inhaltsverzeichnis

„VR is going to need 10 years to become a very mainstream big thing."

– Mark Elliot Zuckerberg (Co-Founder und CEO von Facebook Inc.)

Vorwort

Einschlägige Untersuchungen industrienaher Thinktanks und Branchenverbände wie Bitkom prognostizieren im Bereich Virtual/Augmented/Mixed Reality allein in Deutschland bis 2020 ein Investitionsvolumen von bis zu 850 Millionen Euro für Hardware und Softwareanwendungen. Vielversprechende industrielle Anwendungen werden vor allem in Business-to-Business-Bereichen wie Marketing (virtuelle Showrooms), Schulung, Wartung, Logistik und längerfristig in Konstruktionswesen und Produktion (in der ‚industrie.4.0') gesehen. Aber auch in Business-to-Consumer-Anwendungen etwa der Unterhaltungsindustrie wird ein erheblicher Umsatzanstieg erwartet. Letzterer Bereich ist Thema dieses Buches, einer Abschlussarbeit des Autors im Journalistikstudiengang der Hochschule Magdeburg-Stendal. Es konzentriert sich insbesondere auf das ‚Gaming', einen der fortgeschrittenen Anwendungsbereiche von VR-Technologien. Die Gamer-Szene ist eine weltweit vernetzte, technischen Neuerungen besonders aufgeschlossene Nutzergruppe. Zentraler Bestandteil der Technik für die Virtual-Reality-Nutzung sind aktuell noch ‚Daten-Brillen', so genannte Head-Mounted Displays, deren flüssige Darstellung bislang aber meist noch eine leistungsstarke teure Rechnerelektronik voraussetzt. Ist diese vorhanden, ist ein vollständiges visuelles Eintauchen und Bewegen in einer virtuellen 360-Grad-Umgebung möglich.

Im direkten Vergleich mit Spielen auf Basis konventioneller Techniken, das zeigt die praktische Erprobung, bietet die VR-Technik aus Sicht des Gamers einen erheblichen Zugewinn an 'Immersion', an mentaler Entkoppelung vom realen Standort, an Eintauchen in eine virtuelle Realität während des Spielens bis hin zur Haptik und zu komplexerer Interaktivität.

Damit kann eine weit größere Erlebnistiefe erreicht werden; es werden Erlebnisräume zugänglich, die weit über das etwa im Kino oder beim Bewegtbildkonsum gewohnte Erleben hinausgehen und es werden auch neue, auf echter Dreidimensionalität beruhende Effekte erschließbar.

Beispielsweise wird es möglich, aktuell mit realen anderen Spielern von beliebigen anderen Orten der Erde nicht nur Kommunikate auszutauschen oder interaktive Handlungen zu begehen, sondern dies auch unabhängig oder gemeinschaftlich in einem weiten virtuellen Erlebnisraum an unterschiedlichsten Stellen zu tun, in diesem ‚herumzuwandern', ‚Gegenstände' aufzunehmen, im ‚Raum' zu bewegen und so weiter.

Eine zeitlich lang anhaltende Nutzung stößt allerdings beim jetzigen Stand der Technik noch deutlich an physiologische Grenzen. So führt eine ununterbrochene Nutzung über mehrere Stunden hinweg, das zeigt die für diese Arbeit durchgeführte wiederholte praktische Erprobung, zu mentaler und körperlicher Erschöpfung. Ursachen liegen in der noch begrenzten visuellen Auflösung der Brillen, im recht großen Gewicht der auf dem Kopf zu tragenden Brille, in mangelnder physischer Bewegungsmöglichkeit am Nutzungsort, an Effekten in Richtung sogenannter Motion Sickness sowie eventuell an denkbaren anderen wahrnehmungsphysiologischen Effekten, die aber wie auch mögliche weitere Risiken nicht Gegenstand dieser Untersuchung waren. Inhaltliche Beschränkungen mit Folgen für die tatsächliche Nutzungsdauer ergeben sich schlicht durch einen begrenzten Umfang virtueller Handlungsräume in vielen Spielen. Deren Produktion ist äußerst aufwendig und damit kostenintensiv, was sich bei geringen Absatzzahlen schwerlich rechnet. Kurz gesagt: Es fehlt einfach noch an genügend und auch gutem Content, wie es einer der unten zitierten Experten auf den Punkt bringt. Erfahrene ‚Gamer' haben weniger durchdachte und aufwändige Spiele in kurzer Zeit ‚ausgeschöpft' und sind dann enttäuscht.

Ein entscheidendes Hindernis für die Entwicklung weg vom Nischenprodukt hin zu gewinnträchtigen VR-Angeboten für ein breites Publikum, wie sich das die Branche auf einschlägigen Fachmessen erhofft, dürfte aber vor allem die noch zu aufwändige, umständliche, und in der Anschaffung zu teure Technik sein; gegenwärtig ‚rechnet' sie sich im Gegensatz zu industriellen Anwendungen noch nicht.

Zwar belegen Zahlen und Marktprognosen zur weltweiten Marktverbreitung etwa von E-Gaming in ausgewählten Ländern erstaunliche Zuwachsraten, dies aber auf niedrigem Niveau. Belastungsfähiger für positive Trendaussagen sind da eher die aufschlussreichen Aussagen der in Experteninterviews befragten Entscheidungsträger.

Anders als vermutlich bei direkt industriellen VR-Anwendungen, für die Daten nicht zugänglich sind, sind im Unterhaltungssektor neue Herausforderungen für menschliches Wahrnehmungsverhalten, für die Bestimmung von Wahrheitsgehalt und Glaubwürdigkeit des Wahrgenommenen und für ökonomische, soziale und generell gesellschaftliche Zusammenhänge erst ansatzweise analysierbar. Am weitesten fortgeschritten sind Mischanwendungen im Zusammenhang mit der so genannten Augmented Reality, der Ergänzung realer Weltsicht durch VR-Anteile, die schon praktisch in der Industrie oder beim autonomen Fahren zum Einsatz kommen. Auch hier gibt es wenig öffentlich zugängliches Material.

Es ist aber aus den Erfahrungen der Vergangenheit heraus durchaus zu erwarten, dass der rasante Technikfortschritt, die anhaltenden Konzentrations- und Zentralisationsprozesse der involvierten Konzerne und die aus dem Zusammenwirken dieser Faktoren resultierenden economies of scales längerfristig neue Möglichkeiten hervorbringen.

Ob aber die eingangs zitierten Wachstumsprognosen für einen zunehmend durchdigitalisierten Unterhaltungsbereich tatsächlich ökonomische Wirklichkeit abbilden oder eher dem Wunschdenken nutznießender Branchen entspringen, muss die weitere Forschung zeigen. Die vorliegende Bestandsaufnahme bietet hierfür hervorragende Ansatzpunkte und nachdenkenswerte Einsichten.

Prof. Dr. Renatus Schenkel hat nach kommunikationswissenschaftlicher und journalistischer Ausbildung und praktischer Tätigkeit für Medien und Industrie maßgeblich die Medienausbildung der Hochschule Magdeburg-Stendal mit aufgebaut. Arbeitsschwerpunkte sind Journalismus und Öffentlichkeitsarbeit sowie Bild- und Krisenkommunikation.

1. Einführung

1.1 Aufbau des Buches

Zu Beginn bieten die Definition von Virtual Reality Gaming und der Überblick des dazugehörigen Marktes der digitalen Spiele eine Grundlage für die Analyse der Möglichkeiten der neuen Virtual-Reality-Technologie. Im weiteren Verlauf des Buches wird die Hardware der einzelnen Unternehmen vorgestellt und deren Unterschiede benannt.

Anschließend folgt ein Überblick über das E-Gaming (englisch für das Spielen von Videospielen) und eine Einschätzung zum Potential von Virtual Reality im Bezug auf den Markt der digitalen Spiele.

Fortführend erfolgt eine kurze Kategorisierung der aktuell relevanten Software (digitale Anwendungen und Videospiele), damit Rückschlüsse auf den spielerischen Mehrwert gegenüber dem *konventionellen* E-Gaming gezogen werden können.

Abschließend erfolgt eine kritische Analyse, eine Einschätzung zur Perspektive der Technologie und eine Schlussfolgerung bezogen auf den digitalen Spiele- und Unterhaltungsmarkt.

1.2 Motivation

Gesellschaftsspiele und digitale Spiele begleiteten mich schon in meiner Kindheit. Seit meiner Jugend gab es keinen Lebensabschnitt, in dem ich mich nicht für den analogen sowie digitalen Spielemarkt interessiert habe. Schon früh habe ich mich für digitale Spiele aus den Vereinigten Staaten von Amerika und Japan interessiert und alle relevanten Ereignisse auf dem internationalen Spielemarkt in der Fachpresse verfolgt. Ich habe sowohl auf verschiedenen Heimcomputersystemen, wie zum Beispiel dem Commodore 64 aus dem Jahr 1982, Windows aus dem Jahr 1995, dem Apple Mac und dem

Amiga als auch auf allen gängigen Spielkonsolen der Unternehmen Nintendo, Sony, Sega, Atari und Microsoft, eine Vielzahl an digitalen Spielen genutzt beziehungsweise intensiv gespielt.

Anschließend verfolgte ich dann den Durchbruch der ersten *echten* 3-D-Spiele und 3-D-Spielkonsolen mit eigenem Grafikprozessor, die bereits ab den 90er-Jahren erschienen. Darauffolgend, bis hin zum gegenwärtigen Zeitpunkt, nutzte und nutze ich alle gegenwärtigen High-End-Gaming-Systeme (Heimcomputer mit leistungsstarken Grafikprozessor, in anderen Zusammenhängen auch Workstation genannt) und Next-Gen-Spielkonsolen (High-Definition-Spielkonsolen der neusten Generation, wie beispielsweise die PlayStation 4 Pro oder die Xbox One X).

Und auch wenn es schon lange nicht mehr möglich ist, jedes interessante digitale Spiel zu spielen, informiere ich mich mithilfe der Fachpresse täglich über die Ankündigungen, Neuerscheinungen und Innovationen des Spielemarktes.

Da digitale Spiele eventuell kurz vor einer neuen technischen Revolution stehen und Virtual Reality ein vollkommen neues Zeitalter der digitalen Spiele einläuten könnte, freue ich mich sehr darüber, dass ich Zeuge dieser Entwicklung sein kann.

1.3 Zentrale Fragestellung und Hypothese

Die zentrale Frage der Arbeit bezieht sich darauf, inwieweit Virtual Reality den digitalen Spielemarkt in den nächsten Jahren verändern wird und welche Möglichkeiten und welchen Mehrwert die Technologie den Entwicklern und vor allem den Nutzern bietet.

Darüber hinaus wird eine Einschätzung der am Markt erhältlichen Anwendungen und Spiele geboten und die Frage gestellt, ob Virtual Reality und ähnliche Technologien die digitalisierte Gesellschaft zukünftig verändern werden.

2. Theoretische Grundlagen

2.1 Definition: E-Gaming und Gamer

Der Begriff E-Game (englische Kurzform für ein elektronisches Spiel) wird als zusammenfassender Oberbegriff für Konsolen- und PC-Spiele verwendet, also als Synonym zu Computer- oder Videospiel. Das Spielen solcher Spiele wird Gaming genannt.[1]

Beim Gaming treffen sich die Gamer (Spieler von E-Games) vor allem in digitalen Netzwerken, auf digitalen Spieleplattformen (wie zum Beispiel Steam, Battlenet, PlayStation Network oder Xbox Live) sowie in speziellen Internetforen.

Im Vergleich zu anderen Medien bieten E-Games einen höheren Grad an Interaktivität mit dem Medium. Die Spiele lassen den Nutzer unmittelbar an der Gestaltung der Spielwelt teilnehmen und lassen ihn in dieser aktiv interagieren.

Zur Interaktion dienen meist Eingabegeräte wie das Gamepad (englisch für Eingabegerät für die Steuerung von Videospielen), eine Maus und die Heimcomputertastatur, oder wie seit ein paar Jahren vermehrt, Eingabegeräte (Kameras und Sensoren) zur Erfassung von Gesten und Bewegungen des Spielers im Raum.

E-Games werden üblicherweise auf TV-Geräten oder PC-Bildschirmen gespielt, aber seit einiger Zeit vermehrt auch auf Smartphones und ähnlichen Geräten. Die Hardware (englischer Oberbegriff für die mechanische und elektronische Ausrüstung) spielt im Bereich des Gamings eine große Rolle. Die Anzeige- und Eingabegeräte tragen maßgeblich zur Interaktion mit dem Spiel bei. Eine hochauflösende Darstellung und eine möglichst realgetreue Umsetzung der Eingaben des Spielers, stehen oft im Zusammenhang mit der Qualität eines Spiels.

---

1 Rouse, Margaret (2017): „Definition: Gaming", unter: http://whatis.techtarget.com/definition/gaming (aufgerufen am: 20.05.2017)

In der Literatur und dem Verlauf dieser Arbeit werden E-Games auch als Spiele, Games oder Videospiele und der Gamer auch als Spieler oder Nutzer bezeichnet.

2.2 E-Gaming gegenwärtig

Im Laufe der letzten Jahrzehnte hat sich das Gaming kontinuierlich weiterentwickelt. Im Bereich der Spielkonsolen haben sich bis heute drei relevante Anbieter als am Markt führend herausgestellt. Sony mit der PlayStation, Nintendo mit der Wii und Microsoft mit der Xbox. Die Konsolen erscheinen seit Jahren in verschiedenen Ausführungen, welche immer bessere technische Spezifikationen mit sich bringen. Die fortschreitenden Entwicklungen und regelmäßigen Neuerscheinungen der Konsolen werden oft als neue Generationen bezeichnet.

Im Bereich der Heimcomputer ist Windows nach wie vor das am meisten genutzte Betriebssystem. Es bietet den Gamern das größte Angebot an digitalen Spielen. Zunehmend finden sich aber auch zahlreiche Angebote von E-Games für die Betriebssysteme von Apple und Linux.

Auch der Spielemarkt im Bereich der Mobile Games (Spiele die auf dem Smartphone oder Tablet gespielt werden) ist in den letzten Jahren sehr stark gewachsen. Der Markt bietet eine Vielzahl von Spielen auf den Betriebssystemen Android von Google und iOS von Apple. Auch Nintendo (mit dem Nintendo DS oder aktuell auch mit dem Nintendo Switch) und Sony (mit der PlayStation Vita) setzen mit ihren portablen Konsolen auf den Markt der mobilen Spiele, aber meist mit eigens dafür entwickelter Hardware. Smartphones oder Tablets werden dafür in der Regel nicht benötigt, ausgenommen sind beispielsweise die Spiele Super Mario Run und Pokémon Go.

Doch nicht nur neue technische Spezifikationen, wie zum Beispiel eine größere Grafikleistung, sondern auch die Peripheriegeräte haben sich in den letzten Jahren stark weiterentwickelt. Neue Arten von Eingabegeräten bis hin zum Motion Capturing (englisch für die Erfassung des Körpers und der Bewegungen des Spielers) sind auf dem Vormarsch.[2]

Auch neuartige Visualisierungstechnologien, beispielsweise in Form von Virtual-Reality-Brillen, sind bereits seit Ende 2016 für den Interessierten erhältlich. Diese VR-Brillen (auch Head-Mounted Displays genannt) enthalten Bildschirme, welche die Medieninhalte unmittelbar vor den Augen des Nutzers anzeigen. Speziell bei Spielern von digitalen Spielen genießt diese Technologie große Aufmerksamkeit.

Auch das Thema Augmented Reality (fachsprachlich für die Erweiterung der Realität, hierbei wird die reale Welt mit der virtuellen Realität ergänzt), wie zum Beispiel beim Spiel Pokémon Go aus dem Jahr 2016, sorgt für Aufsehen auf dem Medienmarkt der digitalen Spiele.[3]

Seit ein paar Jahren investieren große und kleine Spieleentwickler vermehrt in innovative Spielsysteme und Technologien, welche den Spieler anhand von Eingaben der Gesten und Bewegungen erfassen und die Ausgabe des Bildes mit einem Anzeigegerät (auch Bildschirm oder Display genannt) direkt vor dem Auge des Nutzers darstellt.[4] Hierbei hat sich das Head-Mounted Display (kurz HMD) als Technik zur Anzeige hervorgetan.

---

2 Flückiger, Barbara (2012): „Definition: Motion Capture", unter: http://filmlexikon.uni-kiel.de/index.php?action=lexikon&tag=det&id=742 (aufgerufen am: 20.05.2017)

3 Wöbbeking, Jan (2016): „Das Massenphänomen unter der Lupe", unter: http://www.4players.de/4players.php/spielinfo/Allgemein/37089/Pokemon_GO.html (aufgerufen am: 20.05.2017)

4 Bastian, Matthias (2017): „Virtual und Augmented Reality: Investitionen auf Rekordniveau in 2016", unter: https://vordo.de/virtual-und-augmented-reality-investitionen-auf-rekordniveau-in-2016/ (aufgerufen am: 20.05.2017)

Kurz gesagt ist ein HMD ein auf dem Kopf und vor den Augen getragenes visuelles Ausgabegerät.

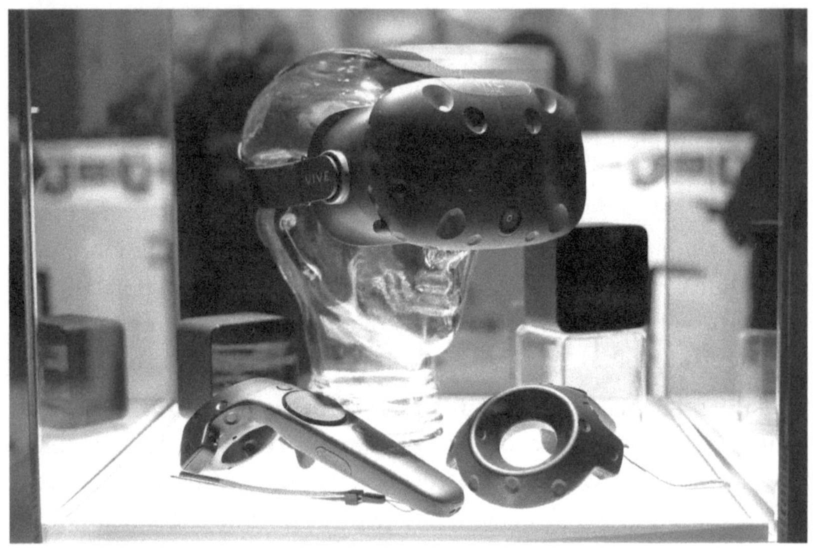

Abbildung 1: Head-Mounted Display auf dem Mobile World Congress 2016 | Fotografie: Maurizio Pesce | Lizenz: CC BY 2.0 Quelle: https://commons.wikimedia.org/wiki/File: HTC_Vive_Pre_VR_Consumer_headset_(26087568804).jpg

Noch bewegt sich das Spielen mit einem HMD, in einer vollständig virtuellen Realität, auf dem Markt in einer Nische, führende Analysten und Entwickler sind sich über eine langfristige Durchsetzung der Technologie einigt. Nur bleibt abzuwarten, wie lange es noch dauern wird, dass Virtual Reality Gaming zu einem Massenmarkt wird und der Gamer den momentan noch sehr hohen Anschaffungspreis (mit ca. 250,00 bis zu 900,00 Euro plus einem leistungsstarken Heimcomputer für ca. 1000,00 bis 2000,00 Euro oder einer aktuellen Spielkonsole von Sony mit einem Preis von ungefähr 300,00 Euro) bereit ist zu zahlen.

2.3 Wer spielt E-Games und wie beliebt ist E-Gaming

Das Gaming ist mittlerweile in allen Altersgruppen angekommen und rund 42 Prozent der Bundesbürger spielen Computer- beziehungsweise Videospiele. Vier von fünf Jüngeren nutzen digitale Spiele. Selbst jeder Zehnte der Generation 65-plus spielt gelegentlich E-Games. Das hat eine repräsentative Umfrage zur Verbreitung und Nutzung von Games in Deutschland, im Auftrag des Digitalverbandes Bitkom e. V., ergeben.

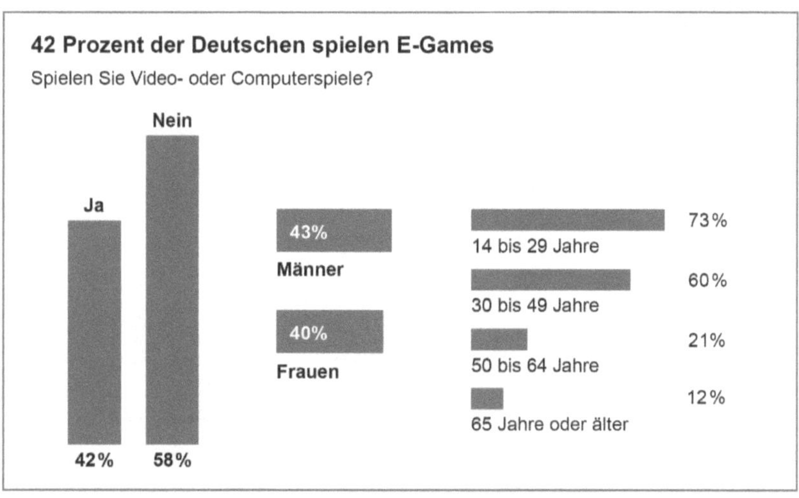

Abbildung 2: 42 Prozent der Deutschen spielen E-Games (eigene Darstellung) | Quelle: https://www.bitkom.org/Presse/Presseinformation/Gaming-hat-sich-in-allen-Altersgruppen-etabliert.html

Aus der Umfrage geht weiter hervor, dass es vor zwei Jahren lediglich 25 Millionen Spieler im Land waren. Die Studie ergab ebenfalls, dass 73 Prozent der 14- bis 29-Jährigen digitale Spiele spielen. In der Altersgruppe zwischen 30 und 49 Jahren ist mehr als jeder zweite Deutsche (60 Prozent) ein Gamer. Unter den 50- bis 64-Jährigen sind es immerhin noch 21 Prozent.

In der Generation 65-Plus nutzen immerhin noch 12 Prozent der Menschen Computer- beziehungsweise Videospiele zur persönlichen Freizeitgestaltung.[5]

Mehr als jeder vierte Bundesbürger, der bisher keine digitalen Spiele spielt, kann sich das in der Zukunft aber zumindest vorstellen. Vor zwei Jahren war es nur jeder Sechste. Gaming ist bei Männern und Frauen nahezu gleich beliebt. Gaming hat sich fest etabliert und zählt somit neben Musik- und Filmangeboten zu den beliebtesten digitalen Medien.[6]

---

5 Bitkom e. V. (2015): „Gaming hat sich in allen Altersgruppen etabliert", unter: https://www.bitkom.org/Presse/Presseinformation/Gaming-hat-sich-in-allen-Altersgruppen-etabliert.html (aufgerufen am: 20.05.2017)

6 Bitkom e. V. (2014): „Jung und vernetzt: Kinder und Jugendliche in der digitalen Gesellschaft", unter: https://www.bitkom.org/Bitkom/Publikationen/Jung-und-vernetzt-Kinder-und-Jugendliche-in-der-digitalen-Gesellschaft.html (aufgerufen am: 20.05.2017)

3. Virtual Reality

3.1 Definition: Virtual Reality

Virtual Reality (englisch für die Virtuelle Realität, kurz VR) beschreibt die Schaffung einer digitalen Welt, in welcher der Nutzer meist aktiv interagieren kann. Es handelt sich dabei in der Regel um eine computergeschaffene Welt, in die der Anwender mithilfe von technischen Geräten Zugang bekommt. In Form von Kopf- und Handbewegungen, Sprache oder Tastsinn können die Interaktionen in der virtuellen Realität gesteuert werden.[7]

Dem Nutzer steht sozusagen eine Simulation einer realistisch erscheinenden dreidimensionalen Umgebung mittels Computergrafik, in der er sich bis zu 360-Grad umsehen und mit ihr interagieren kann, zur Verfügung. Diese grafische Umgebung kann auf Benutzereingaben reagieren und sich, je nach Gestaltung des Entwicklers, visuell beliebig darstellen.

Bei der interaktiven Virtual Reality kommt es zwischen dem Benutzer und der virtuellen Welt beziehungsweise virtuellen Realität somit zu einer direkten Interaktion. Benutzereingaben werden über Eingabegeräte, neuerdings auch zum Beispiel über Datenhandschuhe (ein Eingabegerät in Form eines Handschuhs) und die Erfassung des Körpers mithilfe von Sensoren (fachsprachlich Motion Capture genannt), vorgenommen. Die erfassten Daten werden daraufhin unmittelbar in Steuerbefehle umgesetzt und in die virtuelle Welt übertragen. Die Virtual Reality kann als zukunftsweisende und innovative Mensch-Maschine-Interaktion, in diesem Zusammenhang als Kommunikation zwischen Mensch und Computer, gesehen werden.[8]

---

7 Lipinski, Klaus (2015): „Definition: Virtual Reality", unter: http://www.itwissen.info/Virtuelle-Realitaet-virtual-reality-VR.html (aufgerufen am: 20.05.2017)

8 Weber, Mike (2016): „Mensch-Maschine-Interaktion", unter: http://www.oeffentliche-it.de/-/mensch-maschine-interaktion (aufgerufen am: 20.05.2017)

3.2 Definition: Immersion

Die Immersion (fachsprachlich für das Eintauchen in eine künstliche Welt) beschreibt den durch eine Situation, Umgebung oder grafische Darstellung hervorgerufenen Effekt, welcher das Bewusstsein des Nutzers mehr oder minder in den Hintergrund treten lässt, sodass die virtuelle Umgebung als real beziehungsweise als Realität empfunden wird.[9]

Im Unterschied zur ausschließlich passiven Immersion wie beispielsweise während einer filmischen Immersion erlaubt Virtual Reality dem Rezipienten häufig eine direkte Interaktion mit der virtuellen Umgebung. Dadurch kann es beim Nutzer zu einer wesentlich höheren Intensität der Immersion kommen.

3.3 Historische Betrachtung und Entwicklung von VR

Menschen nehmen aufgrund ihrer Sinneswahrnehmungen (Sehen, Hören, Riechen, Schmecken, Fühlen) ihre Welt beziehungsweise Wirklichkeit wahr.

Unsere frühen Vorfahren haben schon mit Faustkeilen Zeichen in Steine geritzt und Tiere an Höhlenwände gemalt und lösten damit einen wichtigen evolutionären Prozess aus. Visuelle und auditive Darstellungen nahmen einen großen Stellenwert bei sozialen und kulturellen Prozessen ein.

„Dabei haben sich im Verlaufe der menschlichen Evolution schon früh während der Anthropogenese (Entwicklungsgeschichte des Menschen) ‚virtuelle' und ‚immersive' Elemente als biologische und gesellschaftliche Teilaspekte menschlichen Daseins herausgebildet,

---

9 Furht, Boko (2008): „Encyclopedia of Multimedia", unter: https://link.springer.com/referenceworkentry/10.1007%2F978-0-387-78414-4_85 (aufgerufen am: 20.05.2017)

die zu einer wesentlichen Schubkraft für die Herausbildung menschlicher Kultur wurden und auf die fortgeschrittene heutige Entwicklungen aufbauen", so der Kommunikationswissenschaftler Prof. Dr. Renatus Schenkel.[10]

Aus evolutionären Entwicklungsgründen bezüglich der Nahrungssuche und des Erkennens von Gefahren, ist der Mensch seit langer Zeit sehr stark auf das Sehen angewiesen und somit auch stark darauf ausgerichtet.[11]

Das menschliche Gehirn vertraut auf das, was die Augen sehen und auf die visuelle Information die daraufhin im Gehirn verarbeitet wird. Die Augen können eine Situation in der sich der Körper *augenscheinlich* bewegt, als solche ermitteln und es kann auch ohne tatsächliche Bewegung dazu kommen, dass eine visuell simulierte Bewegung als Information an das Gehirn als *wirklich* weitergegeben und als solche verarbeitet wird. Somit kommt ein körperliches Bewegungsgefühl in der Virtual Reality auf, obwohl sich der Rezipient physisch gar nicht im Raum bewegt.

„Der Mensch begann damit, Werkzeuge statt seiner Arme zu benutzen. Dann verbesserten Brillen seine Augen. Jetzt ersetzt er sein bewusstes Realitätsmodell", so Prof. Dr. Thomas Metzinger, deutscher Philosoph und Professor für theoretische Philosophie der Universität Mainz.[12]

---

10 Gespräch zu dieser Arbeit im April 2018; im Detail vgl.: Schenkel, Renatus (2015): „Fankultur im Zeitalter der Medien"; Wendt, Peter-Ulrich/ Roggenthin,Stefan/Schenkel, Renatus/Simon, Titus/Thomas, Michael (Hrsg.): Fußball global: Ein Spiel dauert länger als 90 Minuten, Halle 2015, 101-110; unter Bezug auf Erkenntnisse der Kritischen Psychologie 2015, 101-104 und allg. 1988, S. 57 ff.

11 Dörner, Ralf; Wolfgang Broll; Paul Grimm; Bernhard Jung (Hrsg.) (2013): „Virtual und Augmented Reality (VR/AR): Grundlagen und Methoden der Virtuellen und Augmentierten Realität", Verlag: Springer Vieweg, Berlin Heidelberg, S. 2-5

12 zitiert nach: Biederbeck, Max (2016): „Virtual Psychology: Was in unserem Kopf passiert, wenn wir VR erleben", unter: https://www.wired.de/collection/science/wie-sich-eine-reise-die-virtual-reality-auf-unsere-psyche-auswirkt (aufgerufen am: 20.05.2017)

Virtual Reality ist in den letzten Jahren immer mehr zu einem großen Thema in der Technologie-Branche geworden, aber ihr Ursprung liegt bereits Jahrzehnte zurück. Bereits vor über 50 Jahren gab es die ersten Ideen rundum ein Head-Mounted-Display.

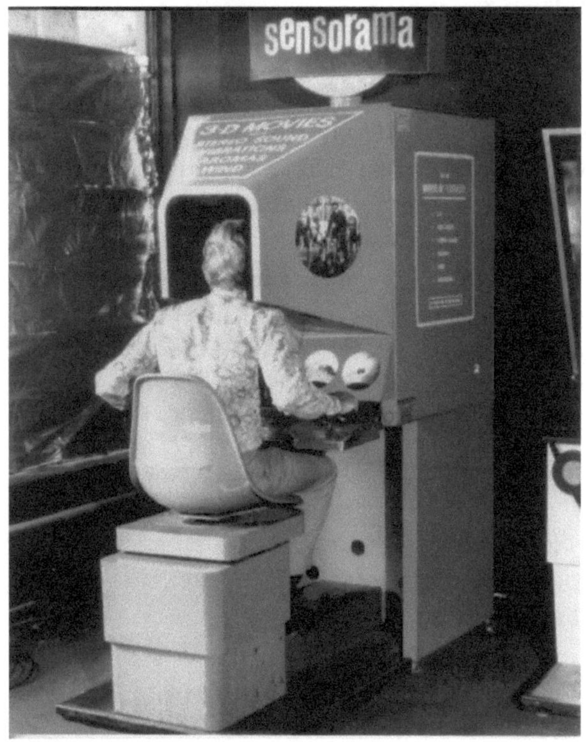

Abbildung 3: Sensorama aus dem Jahr 1962
Fotografie: Morton Heilig | Lizenz: CC BY-SA 4.0
Quelle: https://upload.wikimedia.org/wikipedia/commons/d/dc/Sensorama-morton-heilig-virtual-reality-headset.jpg

Morton Heilig, der bereits mit dem Sensorama, ein virtueller Simulator mit dem das Motorradfahren auf den Straßen von Brooklyn dargestellt werden konnte (siehe Abbildung 3), für Aufsehen sorgte, patentierte sich 1960 die Telesphere Mask (siehe Abbildung 4).[13]

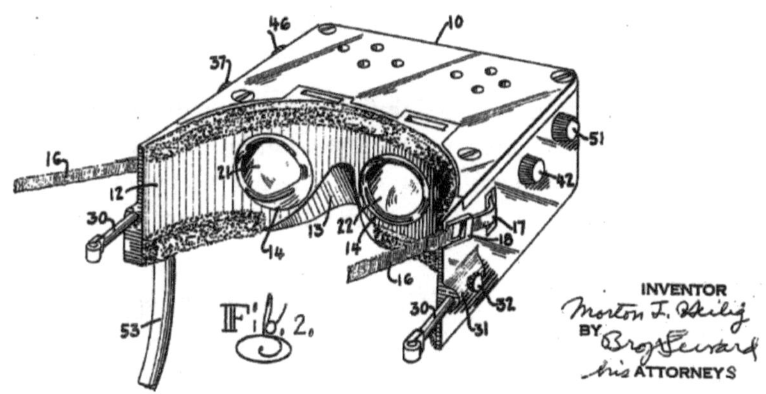

Abbildung 4: US-Patent der Telesphere Mask | Fotografie: United State Patent Office | Lizenz: gemeinfrei | Quelle: https://upload.wikimedia.org/wikipedia/commons/6/66/Morton_heilig_patent_fig2.png

Das damalige Head-Mounted Display (auch VR-Brille genannt) war zwar ohne jegliche Bewegungserfassung ausgestattet, ermöglichte aber eine stereoskopische und dreidimensionale Darstellung mit Stereo-Sound. Mehr als ein paar wenige Filminhalte konnte sich der Nutzer zur damaligen Zeit allerdings noch nicht ansehen.

---

13 Bruns, Matthias (2015): „Virtual Reality: Eine Analyse der Schlüsseltechnologie aus der Perspektive des strategischen Managements", Diplomica Verlag GmbH, Hamburg, S. 17

Ivan Sutherland, der im Jahr 1962 bekannt durch die Entwicklung des ersten Grafikprogramms *Sketchpad* wurde, veröffentlichte im Jahr 1965 eine bedeutsame Abhandlung mit dem Titel *The Ultimate Display*, in der er die Technologie der Virtual Reality Technologie beschrieb und somit regelrecht ankündigte.[14]

Der eigentliche Nutzer von virtuellen Computergrafiken im großen Stil war in den darauffolgenden Jahrzehnten vor allem die Unterhaltungsindustrie.

Und auch das Virtual Reality Gaming ist keineswegs eine Erfindung der letzten Jahre. Es gab in den 1990er-Jahren bereits einige neue und vor allem weiterentwickelte Ansätze der Technologie. Keiner der Ansätze konnte sich aber letztendlich erfolgreich am Markt durchsetzen.

Das Unternehmen Nintendo Co. Ltd. scheiterte beispielsweise im Jahr 1995 mit seiner damaligen Version einer Spielkonsole (dem Virtual Boy), die den heutigen Head-Mounted Displays äußerlich sehr ähnelt. Nintendo unternahm daraufhin bis heute offiziell keinen weiteren Versuch in die Richtung des Gamings mithilfe eines HMDs. Der Virtual Boy ging als größter Misserfolg in die Geschichte des Unternehmens ein.[15]

So langsam etabliert sich Virtual Reality und auch Augmented Reality in unserem Alltag. Die Augmented Reality (englisch für die Erweiterte Realität, kurz AR) entwickelt sich gegenwärtig neben der VR-Technologie ebenfalls kontinuierlich weiter. Eines der bekanntesten Beispiele für die AR-Technologie ist Google Glass aus dem Jahr 2012.

---

14 Caracciolo, Luca (2016): „Was wir vom Urvater der virtuellen Realität lernen können“, unter: http://t3n.de/news/groesste-vr-brille-welt-741784/ (aufgerufen am: 21.05.2017)

15 PC Games (2016): „Nintendos größter Flop: der Virtual Boy“, unter: http://www.pcgameshardware.de/Retrospektive-Thema-214694/News/Nintendos-groesster-Flop-der-Virtual-Boy-Halo-auf-der-MacWorld-PCGH-Retro-21-Juli-652474/ (aufgerufen am: 21.05.2017)

Ohne große Aufmerksamkeit der Nutzer haben sich nun, auch ohne die *Google-Brille*, AR-Anwendungen vor allem auf Smartphones etabliert. Denn nicht alle Nutzer wissen, dass sie bereits Anwendungen mit Augmented-Reality-Technologie nutzen. Die Erweiterte Realität ist bereits fester Bestandteil der Medienwelt. Als weiteres Beispiel sind unter anderem Einblendungen bei Sportübertragungen (die in Echtzeit dem Zuschauer am Bildschirm zusätzliche Informationen zu den Spielern oder der Spieltaktik anzeigen), oder auch das erfolgreiche Spiel Pokémon GO aus dem Jahr 2016 (welches es ermöglicht mithilfe des Smartphones in der realen Welt digitale Monster zu fangen) zu nennen.[16]

Im Alltag in die Virtual Reality einzutauchen gehört zu einem neuen Trend. Derzeitig besitzen viele Haushalte und somit Endverbraucher, bis auf ihr Smartphone, noch keine weitere Hardware, welche ihnen die Welt zur Virtual Reality eröffnet. Doch viele Unternehmen versuchen aktuell den Markt zu erobern. Momentan ist die AR-Technologie in der Anwendung noch verbreiteter, aber angesichts der angekündigten VR-Entwicklungen der Unternehmen bleibt abzuwarten, ob sich das nicht eventuell in den nächsten Jahren ändern könnte.[17]

---

16 Dörner, Ralf; Wolfgang Broll; Paul Grimm; Bernhard Jung (Hrsg.) (2013): „Virtual und Augmented Reality (VR/AR): Grundlagen und Methoden der Virtuellen und Augmentierten Realität", Verlag: Springer Vieweg, Berlin Heidelberg, S. 241-242

17 Wellbrock, Bianca (2016): „Virtual Reality und Augmented Reality: Unterschiede und Gemeinsamkeiten", unter: https://blog.conrad.at/virtual-reality-und-augmented-reality-unterschiede-und-gemeinsamkeiten/ (aufgerufen am: 21.05.2017)

3.4 Funktionsweise eines Head-Mounted Displays

In der Regel befindet sich im Gehäuse eines Head-Mounted Displays ein eigener Bildschirm der mit einer Spielkonsole oder einem Computer verbunden ist. Vor dem Bildschirm sind zwei Linsen angebracht, durch die der Nutzer auf die Darstellung der Anzeige schaut.

Zudem enthält ein HMD einen in zwei Bereiche geteilten Bildschirm (so entstehen scheinbar zwei Bildschirme auf einem Anzeigegerät), sodass jedem Auge ein eigenberechnetes Bild anzeigt werden kann. Der Unterschied der Bilder simuliert dem Gehirn eine Winkelstellung der Augen und schafft so eine Wahrnehmung des räumlichen Sehens. Unser Gehirn kombiniert die beiden Bilder und der Eindruck einer räumlichen Tiefe entsteht.

Neben diesen *herkömmlichen* HMDs gibt es auch Varianten, die diese Technologie mit der eines Smartphones kombinieren. Diese Brillen sind preisgünstiger, da sie kein eigenes Display verbaut haben, wie beispielsweise Google Cardboard.

Mithilfe spezieller Software ist ein Smartphone ebenfalls in der Lage ein Bild mit derartig räumlicher Tiefe zu simulieren beziehungsweise zu erzeugen.[18]

---

18 Google Inc (2016): „Finde die passende VR-Brille für dich", unter: https://vr.google.com/intl/de_de/cardboard/get-cardboard/ (aufgerufen am: 21.05.2017)

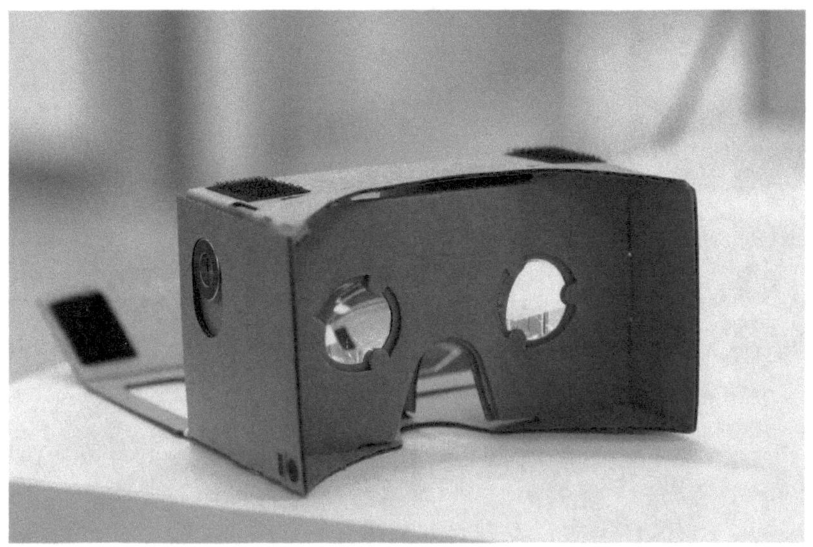

Abbildung 5: Google Cardboard (ohne Smartphone) | Fotografie: othree Lizenz: CC BY 2.0 | Quelle: https://commons.wikimedia.org/wiki/File: Assembled_Google_Cardboard_VR_mount.jpg

Darüber hinaus verfügen HMDs über Head-Tracking-Sensoren, welche die Kopfbewegungen des Nutzers ermitteln und das dargestellte Bild nach der aktuellen Perspektive des Verwenders ausrichtet. Zusätzlich sind in einem HMD häufig noch ein Mikrofon und eine Kamera beispielsweise zur Kommunikation mit anderen Nutzern verbaut.[19]

Ebenfalls gibt es Sensoren die den Nutzer räumlich erfassen und seine Position im Raum genau bestimmen können. Das Verfahren wird als Room-scale VR (englisch für eine raumfüllende VR-Erfahrung) bezeichnet.

---

19 VRBrillen.net (2016): „VR-Brillen-Vergleich", unter: http://www.vrbrillen.net/ (aufgerufen am: 21.05.2017)

Abbildung 6: HTC Vive mit Manus VR Gloves | Fotografie: Manus VR Lizenz: CC BY-SA 4.0 | Quelle: https://commons.wikimedia.org/wiki/File:ManusVR_Glove_2016.png

Eine Besonderheit des HMDs Vive ist, dass die Entwickler HTC und Valve von Anfang an auf die Room-scale-Technologie setzten. Bei dieser Art der Virtual-Reality-Technologie kann der Anwender sich innerhalb des virtuellen Raums, genau wie physisch in der realen Welt, durch Schritte, Drehungen oder beispielsweise auch Sprünge bewegen. Dadurch kommt es zu einer noch intensiveren Immersion und beim Gaming somit häufig zu mehr Spielspaß. Voraussetzung für die Rome-scale-Technologie der Vive und ein damit entsprechendes Spielerlebnis, ist ein Bereich, frei von Mobiliar und sonstigen Gegenständen, mit einer Mindestgröße von 2,5 m x 2,5 m.

Die Vive gilt als Pionier der VR-Technologie im Bereich Gaming und bietet mit seiner Produktfamilie (bestehend aus Eingabegeräten, Sensoren zur Erfassung von Bewegungen im Raum sowie dem Head-Mounted Display) eine Hardware, welche auf die Interessen und Bedürfnisse von Gamern zugeschnitten ist.

Das Facebook-Tochterunternehmen Oculus VR Inc. zog im Dezember 2016 aber nach und stellte für die Oculus Rift eine Erweiterung (in Form von entsprechenden Sensoren und Eingabegeräten) mit besagter Room-scale-Technologie vor.

Wie die Entwicklungen der VR-Technologie in den letzten Jahren und die derzeitig relevanten Head-Mounted Displays zeigen, ist Virtual Reality bereit den Massenmarkt zu erobern und potentielle Käufer zu überzeugen.

In Verbindung mit einem leistungsstarken Heimcomputer oder einer aktuellen Spielkonsole, bieten HMDs dem Nutzer einen nie zuvor erreichten Grad an Immersion und ein damit verbundenes starkes *Echtheitsgefühl* von interaktiven Medieninhalten.

3.5 Aktuell relevante Head-Mounted Displays (VR-Gaming)

Name:	Rift	Vive	PlayStation VR	Gear VR
Hersteller:	Oculus VR	HTC	Sony	Samsung
Bildschirm:	2 x 90 mm OLED	2 x OLED	5,7-Zoll RGB OLED	je nach Smartphone
Auflösung (in Pixel):	2160 x 1200	2160 x 1200	1920 x 1080	bis zu 2560 x 1440
Auflösung pro Auge (in Pixel):	1200 x 1080	1200 x 1080	960 x 1080	1280 x 1440
Bildwiederholrate:	90 Hz	90 Hz	120 Hz	60 Hz
Gewicht:	470 g (ohne Kabel)	555 g (ohne Kabel)	610 g (ohne Kabel)	280 g (ohne Smartphone)
Veröffentlichung:	März 2016	April 2016	Oktober 2016	September 2016
Besonderheit:	Room-scale VR (zusätzliche Hardware nötig)	Room-scale VR	Social Sreen geplant	Zusammenarbeit mit Oculus
Preis:	ab 449,00 EUR (+ Heimcomputer)	ab 599,00 EUR (+ Heimcomputer)	ab 239,00 EUR (+ Spielkonsole)	ca. 99,00 EUR (+ Samsung-Smartphone)

Tabelle 1: Aktuell relevante Head-Mounted Displays (VR-Gaming) (eigene Darstellung)

3.6 Abgrenzung der Begriffe Virtual und Augmented Reality

Die Augmented Reality beschreibt das *Verschmelzen* einer virtuellen Realität mit der des wirklichen Lebens. Mithilfe von Software werden digitale Bilder erzeugt und in die reale Welt transportiert. Augmented Reality nutzt die reale Umgebung und erweitert beziehungsweise ergänzt diese mit virtuellen Objekten.[20]

Die Virtual Reality beschreibt eine virtuell erschaffene Welt, innerhalb dieser die Nutzer interagieren können. Die Virtual Reality ist idealerweise so gestaltet, dass es dem Anwender schwerfällt, die virtuelle Realität von einer realen Umwelt zu unterscheiden. Virtual Reality ist eine vollständig virtuelle Umgebung mit virtuellen Objekten.[21]

- Augmented Reality ist eine reale Umgebung mit virtuellen Objekten
- Virtual Reality ist eine vollständig virtuelle Umgebung mit virtuellen Objekten

Reality (Realität)	**Augmented Reality (Erweiterte Realität)**	**Mixed Reality (Vermischte Realität)**	**Virtual Reality (Virtuelle Realität)**
Die Wirklichkeit	Darstellung digitaler Informationen zur Erweiterung der Realität		Darstellung einer (vollständig) virtuellen Realität

Abbildung 7: Unterschiedliche Arten von Realitäten (eigene Darstellung)

20 Bruns, Matthias (2015): „Virtual Reality: Eine Analyse der Schlüsseltechnologie aus der Perspektive des strategischen Managements", Diplomica Verlag GmbH, Hamburg, S. 13

21 Kasper, Anja (2017): „Virtual Reality und Augmented Reality - Wieso, Weshalb, Warum?!", unter: http://www.brand-l.net/blog/2017/01/13/virtual-reality-und-augmented-reality-wieso-weshalb-warum/ (aufgerufen am: 21.05.2017)

4. Risiken der Technologie

4.1 Gesundheitliche Gefahren

Ein kritischer Blick auf gesundheitliche Risiken und Folgen der Virtual-Reality-Technologie für den Anwender darf nicht vernachlässigt werden.

Es liegen noch keine Langzeitstudien betreffend der Nutzung von Head-Mounted Displays vor. Augenärzte warnen aber, dass bei längerer Nutzung eines HMDs, welches unmittelbar vor den Augen getragen wird, da Keratoconjunctivitis sicca (fachsprachlich aus der Augenheilkunde für ein durch Trockenheit der Augen gekennzeichnetes Krankheitsbild) auftreten kann. Häufig treten ähnliche Symptome wie bei der dauerhaften Bildschirmarbeit oder der starken Beanspruchung der Augen auf.[22] [23]

Synonyme für Keratoconjunctivitis sicca sind unter anderem auch Office Eye Syndrome und Gamer Eye, letzteres wird häufig im Zusammenhang mit Computerspielern genannt.[24] [25]

Auch Kopfschmerzen, Übelkeit und Müdigkeit werden oft bei Nutzern beobachtet. Als Ursache gilt die Simulator Sickness (englisch für Simulatorkrankheit), einer Übelkeit, die bei Menschen entstehen kann, wenn die Bewegungen des Körpers nicht exakt mit den visuellen Eindrücken übereinstimmen.

---

22 Lubbadeh, Jens (2016): „Gefährdet die virtuelle Welt unsere Augen?“, unter: http://www.spiegel.de/gesundheit/diagnose/virtual-reality-was-macht-die-virtuelle-welt-mit-unseren-augen-a-1093908.html (aufgerufen am: 21.05.2017)

23 Roat, Melvin I. (2017): „Keratoconjunctivitis sicca“, unter: http://www.msdmanuals.com/de-de/profi/augenkrankheiten/hornhaut-erkrankungen/keratoconjunctivitis-sicca (aufgerufen am: 21.05.2017)

24 Journal of Ophthalmology (2004): „Informationen zu Keratoconjunctivitis sicca“, unter: https://www.ncbi.nlm.nih.gov/pmc/articles/PMC1772141/ (aufgerufen am: 21.05.2017)

25 Heilig, Peter (2017): „Office-Eye-Syndrom“, unter: http://ub.meduniwien.ac.at/blog/?p=27043 (aufgerufen am: 21.05.2017)

Vergleichbares wird seit Jahren bei der Ausbildung von Piloten während der Zeit des Trainings in Flugsimulatoren beobachtet.[26] [27]

Vor allem Menschen die leicht unter Motion Sickness (besser bekannt unter dem Begriff Reisekrankheit) leiden, klagen über Schwindelgefühle und Übelkeit bei der Nutzung von VR-Inhalten. Speziell bei Spielen und Anwendungen, in denen der Nutzer sich schnell umschaut und es im Allgemeinen zu vielen schnellen Bewegungen sowie zu einer hohen Anzahl an dargestellten Bildern kommt, spricht man auch von der VR-Krankheit.[28]

Vergleichbar ist das Phänomen mit dem massenhaften Auftretens von vergleichbaren Symptomen sensibler Zuschauer in den Anfangszeiten des 3-D-Kinos.[29]

Es gibt erste Anzeichen dafür, dass das Nutzen von Virtual Reality eventuell auch psychologische Folgen haben kann. So weisen Prof. Dr. Michael Madary und Prof. Dr. Thomas Metzinger der Johannes Gutenberg-Universität Mainz auf erste Studien hin, wonach das Eintauchen in die Virtual Reality starke emotionale Reaktionen bis hin zu Verhaltensänderungen bewirken kann, die auch noch andauern, wenn der Nutzer die virtuelle Welt wieder verlassen hat.[30]

---

26 Orsini, Lauren (2014): „Simulator Sickness", unter: http://www.businessinsider.com/oculus-and-simulator-sickness-problem-2014-3?IR=T (aufgerufen am: 21.05.2017)

27 Schröder, Patrick (2017): „VR-Brillen: Warum sie bei vielen Menschen Seekrankheit auslösen", unter: http://www.ingenieur.de/Themen/Smartphones-Tablets-Co/VR-Brillen-Warum-vielen-Menschen-Seekrankheit-ausloesen (aufgerufen am: 24.05.2017)

28 Danneberg, Benjamin (2017): „Motion Sickness in VR: Wie es entsteht und was ihr dagegen tun könnt", unter: https://vr-world.com/was-tun-bei-motion-sickness-in-vr/ (aufgerufen am: 21.05.2017)

29 Patalong, Frank (2010): „3-D-Kino: Nicht schlecht - nur wird mir schlecht!", unter: http://www.spiegel.de/netzwelt/gadgets/3-d-kino-nicht-schlecht-nur-wird-mir-schlecht-a-686141.html (aufgerufen am: 22.05.2017

30 Madary, Michael; Thomas K. Metzinger (2016): „Real Virtuality: A Code of Ethical Conduct. Recommendations for Good Scientific Practice and the

Zu erwähnen gilt, dass Beschwerden und gegebenenfalls physiologische Symptome beziehungsweise gesundheitliche Gefahren durch einen leistungsstarken Heimcomputer, mit einem entsprechenden Grafikprozessor, vorgebeugt werden können.

Durch eine nahezu zeitgleiche Umsetzung, der mithilfe von Sensoren erfassten Körper- und Kopfbewegungen, welche die Handlungen des Nutzers ohne Verzögerung in die Virtual Reality übertragen und ebenfalls eine genaue Aktualisierung der Perspektive der Blickrichtung des Nutzers gewährleistet, wird das Gehirn ausreichend *ausgetrickst* und reagiert mit weniger Symptomen auf längere und intensive Erlebnisse in der virtuellen Welt.[31]

Da die Symptome im Allgemeinen schwer zu behandeln sind sollte der Nutzer diese am besten vorbeugen. In der Regel klingen die Beschwerden, bei häufigerer Nutzung eines VR-Systems, bei den meisten Menschen wieder ab.[32]

Für ein möglichst beschwerdefreies und angenehmes VR-Erlebnis wird ein High-End-VR-System empfohlen. Dieses besteht aus einer High-End-Grafikkarte, einem großen Arbeitsspeicher und einer möglichst hohen Prozessorleistung des Heimcomputers. Auch die aktuelle Spielkonsole von Sony (PlayStation 4 Pro) oder ein Smartphone der neusten Generation bieten ein gutes und angenehmes Virtual-Reality-Erlebnis.

Consumers of VR-Technology", unter: http://journal.frontiersin.org/article/10.3389/frobt.2016.00003/full (aufgerufen am: 22.05.2017)

31 Fenlon, Wesley (2013): „The Promise and Challenges of Head-Mounted Virtual Reality Displays", unter: http://www.tested.com/tech/gaming/454559-valves-michael-abrash-promise-and-challenges-vr/ (aufgerufen am: 22.05.2017)

32 Goto, Lindsay (2015): „6 Ways to deal with Simulation Sickness while Gamming", unter: https://femhype.com/2015/06/24/6-ways-to-deal-with-simulation-sickness-while-gaming/ (aufgerufen am: 22.05.2017)

4.2 Persönliche Erfahrungen mit den gesundheitlichen Risiken

Bei einer meiner Versuchsreihen mit dem System der HTC Vive konnte ich persönlich bei einer speziellen VR-Software, welche zur Simulation von virtuellen Achterbahnfahrten dient, sofort ein Gefühl von Schwindel und somit gesundheitliche Beschwerden wahrnehmen. Dazu kam ein intensives Gefühl, vergleichbar mit dem Gefühl während eines Start- oder Landeanfluges eines Passagierflugzeuges.

Nach einer Dauer von fünf Minuten virtueller Achterbahnfahrt, bemerkte ich Übelkeit und starkes Unwohlsein. Nach knapp 10 Minuten habe ich die Untersuchung der Anwendung abgebrochen, um weitere gesundheitliche Beschwerden zu vermeiden. Sicherlich steigen aber auch nur die wenigsten Menschen bis zu fünfmal hintereinander in eine reale Achterbahn in einem Freizeitpark, ohne das bei ihnen ein Gefühl von zumindest leichter Übelkeit und Unwohlsein auftritt. Mein Versuch hat gezeigt, dass die Beschwerden die vereinzelt von Nutzern beschrieben werden, sich in bestimmten Situationen auch bei mir einstellen.

Bei einer weiteren VR-Software, mithilfe der ich gezielt schnelle Körper- und Kopfbewegungen in Virtual Reality getestet habe, kam es nach einem Untersuchungszeitraum von ungefähr 30 Minuten, nach dem Absetzen des HMDs für einen Zeitraum von ungefähr fünf Sekunden, zum Auftreten von Diplopie (fachsprachlich für die Wahrnehmung identischer Objekte an verschiedenen Orten im Raum, auch Doppelsehen oder Doppelbilder genannt).

Alle beobachteten Symptome während und nach der Nutzung von VR-Anwendungen und VR-Spielen, traten bei mir kurzzeitig und vorrübergehend auf. Zu erwähnen gilt, dass ich persönlich bis dahin keinerlei Probleme mit Motion Sickness beziehungsweise der Reisekrankheit oder einem längeren Medienkonsum an konventionellen Bildschirmen hatte.

Bei Menschen, die sensibler auf entsprechende Situationen in der Virtual Reality reagieren, könnten daher dementsprechend intensivere Beschwerden auftreten.

Zudem ist wichtig zu erwähnen, dass die Langzeitwirkungen der Virtual Reality beziehungsweise die Verwendung eines HMDs nur wenig erforscht ist und physiologische sowie psychologische Langzeitfolgen nicht ausgeschlossen werden können.[33]

4.3 Datenschutz

Wie bei allen modernen Medien, die Daten erfassen und gegebenenfalls an andere weiterleiten, stellt sich die Frage des Datenschutzes. Gerade bei den aktuellen VR-Systemen wird während der Nutzung eine Vielzahl von Daten erfasst, verarbeitet und teilweise auch anonymisiert an das verantwortliche Unternehmen übermittelt. Dies geschieht laut Datenschutzerklärung der Unternehmen zur Verbesserung und Weiterentwicklung der Produkte und unterliegt in Deutschland dem Bundesdatenschutzgesetz sowie der EU-Datenschutz-Grundverordnung (Stand 2018). Wenn es, wie von den Unternehmen immer gerne beteuert wird, zu keiner Verarbeitung von personenbezogenen Daten kommt und die gesammelten Nutzerdaten auch nicht ins außereuropäische Ausland übermittelt und dort ohne Zweckbindung weiterverarbeitet werden, unterliegen die Datenschutzerklärungen der Unternehmen dem aktuellen Recht.[34] [35]

---

33 Weber, Christian (2017): „Langzeitstudien zu den Nebenwirkungen von VR-Aufenthalten sind überfällig", unter: http://www.sueddeutsche.de/wissen/virtual-reality-ich-war-so-erschoepft-wie-nach-einem-langstreckenflug-1.3361858 (aufgerufen am: 22.05.2017)

34 Die Bundesbeauftragte für den Datenschutz und die Informationsfreiheit (2016): „Bundesdatenschutzgesetz (20. Auflage)", unter: https://www.bfdi.bund.de/SharedDocs/Publikationen/Infobroschueren/INFO1.pdf?__blob=publicationFile&v=16 (aufgerufen am: 22.05.2017)

Doch was heißt das in der Praxis? Das Mikrofon der HMDs ist in der Regel vorab in den Einstellungen aktiviert, Tracking-Sensoren erfassen mitunter den gesamten Raum und die Nutzungsdauer der einzelnen Anwendungen wird in Regel ebenfalls gespeichert. Welche Daten genau gesammelt und vor allem an die Unternehmen übermittelt werden, ist laut Datenschutzerklärungen der Anbieter zwar erwähnt, unterscheidet sich derzeitig aber kaum (beispielsweise bei der HTC Vive) von den Richtlinien für konventionelle digitale Anwendungen in denen keine Raum- und Körperbewegungsdaten der Nutzer verarbeitet werden.[36] Die erhobenen Daten könnten in Zukunft zum Beispiel von der Facebook-Tochter Oculus VR vollkommen legal für die Marketing-Interessen des Unternehmens genutzt werden.

Dabei könnten beispielsweise (kommerzielle) Produkte in einer virtuellen Umgebung platziert und anschließend ausgewertet werden, wie lange der Nutzer sich genau mit dem Produkt beschäftigt beziehungsweise es angesehen oder mit diesem interagiert hat.[37]

Pressesprecher des Chaos Computer Clubs e. V. Jan Girlich, der sich unter anderem mit Computersicherheit und Auswirkungen von Technologien auf die Gesellschaft beschäftigt, meint auf Anfrage diesbezüglich, dass die VR-Technologie die erfassten Daten nicht zwingend in einer Cloud sammeln müsse und das VR-Software grundsätzlich datenschutzfreundlich gestaltet werden kann.

---

35 Europäisches Parlament (2016): „Text der zukünftigen EU-Datenschutz-Grundverordnung", unter: https://dsgvo-gesetz.de/ (aufgerufen am: 20.05.2018)

36 HTC America Inc. (2014): „Datenschutzbestimmungen HTC", unter: https://www.htc.com/de/terms/privacy/ (aufgerufen am: 22.05.2017)

37 Bloch, Yigal (2016): „Oculus Datenschutzerklärung – Sorgen um Datenschutz", unter: http://www.vrnerds.de/oculus-datenschutzerklaerung-sorgen-um-datenschutz/ (aufgerufen am: 23.05.2017)

Es könne aber auch zur Überwachung führen, je nach Umsetzung beziehungsweise Anwendung der Datenschutzrichtlinien „VR kann datenschutzfreundlich oder total überwachungsmäßig umgesetzt werden", so die Einschätzung des Experten.[38]

Des Weiteren wird der Datenschutz mit der Zunahme von Social VR (fachsprachlich für die Zusammenkunft mehrerer VR-Nutzer in einem virtuellen sozialen Netzwerk) in der Zukunft eine immer größere Rolle spielen, da die Technologie in die sozialen Netzwerke (wie es zum Beispiel bei der Facebook Spaces Betaversion bereits der Fall ist) eingebunden werden wird.[39]

Die neuen Entwicklungen rundum die Virtual-Reality-Technologie beinhalten Datenschutzrisiken, die noch nicht vollkommen absehbar sind. Die jeweils zuständigen Datenschutzbeauftragten sollten deshalb in naher Zukunft eine Folgenabschätzung zum Datenschutz der VR-Technologie abgeben.[40]

---

38 Girlich, Jan (2017): Experten-Interview mit dem Pressesprecher des Chaos Computer Club e. V.) Zum Thema: „Computersicherheit im Zusammenhang mit der VR-Technologie" (geführt von Engelmann, Nikolayi; am: 15.05.2017)

39 Facebook Inc. Newsroom (2017): „Facebook Spaces: A New Way To Connect With Friends In VR", unter: https://newsroom.fb.com/news/2017/04/facebook-spaces/ (aufgerufen am: 23.05.2017)

40 Schonschek, Oliver (2016): „Datenschutz-Folgenabschätzung: Virtual Reality", unter: https://www.datenschutz-praxis.de/fachartikel/datenschutz-virtual-reality/ (aufgerufen am: 23.05.2017)

4.4 Jugendschutz

Um Kinder vor Risiken der Nutzung von Virtual Reality beziehungsweise vor Risiken von VR-Anwendungen zu schützen, soll laut Hersteller erst eine Verwendung ab dem 12. Lebensjahr (Beispiel: Sony PlayStation VR) beziehungsweise dem 13. Lebensjahr (Beispiel: Oculus-Produkte wie Rift und Samsung Gear VR) erfolgen.[41] [42]

Da gerade bei jüngeren Menschen die Fähigkeit noch nicht so ausgebildet ist, zwischen digitaler und realer Welt zu unterscheiden, erscheint eine Altersbeschränkung sinngemäß. Besonders auch, weil sich Spiele und Anwendungen in Virtual Reality, im Vergleich zu konventionellen E-Games oder digitalen Anwendungen, sehr real *anfühlen* können.

Auch bleibt abzuwarten, ob das Nutzen von HMDs negative Auswirkungen auf die allgemeine Physiologie von Kindern und Jugendlichen haben kann. Speziell sollte dabei besonders auch auf die Entwicklung und das Wachstum der Augen geachtet werden.

Derzeitig gibt es eine Diskussion, ob für VR-Anwendungen grundsätzlich neue Jugendschutz-Kategorien erforderlich sind. Welche Kriterien dafür auschlaggebend sein könnten und wie diese genau gestaltet werden sollten, ist zurzeit aber noch weitgehend unklar.[43]

---

41 Fischrach, Tima (2016): „PlayStation VR Altersbeschränkung nun bekannt", unter: http://ps-vr-brille.de/news/playstation-vr-alterbeschraenkung (aufgerufen am: 23.05.2017)

42 Feltham, Jamie (2015): „Oculus CEO Explains 13+ Age Limit, 'Definitely' Wants VR For Kids", unter: www.vrfocus.com/2015/06/oculus-rift-age-limit/ (aufgerufen am: 23.05.2017)

43 Gössling, Jonas (2016): „Brauchen wir neue Jugendschutz-Kategorien für VR-Spiele?", unter: http://de.ign.com/vr/113032/editorial/kolumne-brauchen-wir-neue-jugendschutz-kategorien-fur-vr-spi (aufgerufen am: 23.05.2017)

4.5 Erkenntnisse zu den Risiken der Technologie

Da Langzeitfolgen noch nicht vollständig ausgeschlossen werden können und Menschen unterschiedlich auf Erlebnisse in der Virtual Reality reagieren, empfiehlt sich ein langsames sowie bedachtes Herantasten an die Technologie. Oftmals lässt sich im Vorfeld anhand von Erfahrungsberichten herausfinden welche Symptome bei anderen Nutzern während der jeweiligen Software auftraten. Und somit auch ob es beispielsweise vergleichbar leicht zu Motion Sickness kommen könnte. Falls eine Anwendung dennoch unerwartet zu gesundheitlichen Problemen führt, sollte der Nutzer die Anwendung abbrechen oder diese zumindest für eine Zeit pausieren.

Erlebnisse in der Virtual Reality erfordern meist körperliche Leistungen, auch wenn es während der Nutzung nur zu wenigen Bewegungen des eigenen Körpers kommt. Es ist ratsam bei Anwendungen und Spielen in der Virtual Reality bereits nach einer kurzen Zeit eine Pause einzulegen. Zu Beginn empfiehlt es sich mit einem VR-System maximal in Zeiträumen von 15 bis 45 Minuten ununterbrochen zu spielen, um den Körper langsam an die neuen Bewegungssituationen der Virtual Reality zu gewöhnen.

Die Hersteller verweisen auf eine Eingewöhnungszeit mit der sich der Körper nach und nach an die Technologie gewöhnt. Nach meiner persönlichen Erfahrung trifft dies soweit zu und längere Spiele sowie stundenlange Aufenthalte in der Virtual Reality stellten für mich nach nur wenigen Wochen kein nennenswertes Problem mehr dar und verursachten auch keinerlei weitere unangenehme Gefühle oder Beschwerden.

Die Risiken der Technologie sind vermutlich weitgehend überschaubar und resultieren in erster Linie aus den Symptomen der Motion Sickness und dem teils noch nicht ausreichend angepassten Datenschutzes.

Um diese Risiken so gering wie möglich zu halten und alle potentiellen Nutzer von der Technologie zu überzeugen, bedarf es einer technisch sorgfältigen Entwicklung der Spiele und Anwendungen sowie ebenfalls speziell überarbeitete Datenschutzbestimmungen aller involvierten Unternehmen.

5. Einsatzmöglichkeiten von Virtual Reality

Die Virtual Reality bietet neue Möglichkeiten Medieninhalte visuell zu präsentieren. Potenzielle Kunden können zum Beispiel ein Produkt mithilfe der VR-Technologie vor dem Kauf testen beziehungsweise benutzen. In Bereichen in denen bereits digitale Medien zum Einsatz kommen und dem Menschen bei der Visualisierung, zum Beispiel von geplanten Vorhaben und dessen Entwürfen, hilft, stellt die Technologie eine noch nie dagewesene Art der Präsentation dar.

Aber auch Bereiche, die vorher keine konventionellen Medien nutzten, können stark von Virtual Reality profitieren. In folgenden Beispielen wird die gegenwärtige und voraussichtlich zukünftige Nutzung der Virtual-Reality-Technologie aufgezeigt.

5.1 Architektur

Durch den Einsatz von Virtual Reality lassen sich beispielsweise Bauvorhaben, vorab genauestens visualisieren und mithilfe der Technologie auch erstmals, realgetreu virtuell begehen. Dadurch entsteht ein Eindruck der Räumlichkeiten. Speziell Größenverhältnisse des Bauvorhabens können im Vorfeld genau betrachtet werden. Beim Immobilienkauf oder der Mietung eines Hauses kann der Kunde oder der potentielle Mieter sich vorab einen genauen Eindruck vom Objekt verschaffen und das ohne vorab lange Textbeschreibungen der Immobilie zu lesen oder persönlich vor Ort sein zu müssen.[44]

44 Müller, Ruben Artus (2017): „Virtual Reality in der Architektur: ein unvergleichlicher Vorteil", unter: https://vrjump.de/architektur (aufgerufen am: 02.06.2017)

5.2 Medizin

Mit verschiedener Software ist es bereits möglich, eine virtuelle Reise durch den Körper des Menschen zu machen. Medizinstudenten können die Anatomie des Köpers dreidimensional und in Lebensgröße in Virtual Reality erkunden, ohne direkt am Menschen oder nur an plastischen Körpermodellen zu lernen. Es können zum Beispiel Organe, Blutgefäße und der Knochenbau detailliert und volumenartig dargestellt und in Aktion gezeigt werden. Angehende Mediziner können so an sogenannten Medical Simulators (englisch für Medizinischer Simulator) zum Beispiel Augenoperationen erproben und durchführen, ohne das ein realer Patient bei einem Fehler Schaden nehmen könnte.[45]

5.3 Bildung

Die VR-Technologie ermöglicht es unterschiedlichste Situationen realgetreu zu simulieren, wie beispielsweise auch die anspruchsvolle Aufgabe des Landens eines Passagierflugzeuges. Trainingssituationen können je nach Bedarf gestaltet werden und der physische Aufwand solcher Simulationen wird mithilfe von VR wesentlich reduziert. Es können zudem unterschiedliche Gefahrensituation in Virtual Reality möglichst realgetreu, ohne großen Materialeinsatz oder logistischem Aufwand, erprobt werden.[46]

Außerdem findet die Virtual-Reality-Technologie schon seit Jahren Verwendung in der Ausbildung von Soldaten der Vereinigten Staaten von Amerika.

---

45 Friedrich, Torben (2016): „Virtual Reality: In der Medizin bald nicht mehr wegzudenken", unter: http://t3n.de/news/virtual-reality-medizin-bald-691207/ (aufgerufen am: 23.05.2017)

46 bildungsklick.de (2006): „Virtual Reality im Lufthansa Flight Training: Fraunhofer-Technologie für die Pilotenausbildung", unter: https://bildungsklick.de/bundeslaender/meldung/virtual-reality-im-lufthansa-flight-training-fraunhofer-technologie-fuer-die-pilotenausbildung/ (aufgerufen am: 23.05.2017)

Durch VR wird eine noch realgetreuere Simulation verschiedener Ausbildungsbereiche, wie zum Beispiel die des Trainings von Fallschirmspringern oder die der Schützen während Schussübungen, gewährleistet und das Risiko der Schulungen gering gehalten.[47]

Auch vollständig virtuelle Klassenzimmer für die Schul-, Aus- und Weiterbildung sind zukünftig denkbar. Virtual Reality kann zum Beispiel sinnvoll während des Geografieunterrichts oder in Lehrveranstaltungen der Naturwissenschaft einbezogen werden. Hierbei könnten komplexe physikalische Prozesse und geografische Verhältnisse genau visualisiert und anschaulich präsentiert werden.[48] [49]

5.4 Journalismus

Für den Journalismus ermöglicht die VR-Technologie realgetreue Reportagen, die der Rezipient vollständig visuell in Echtzeit selber erkunden und sich mithilfe einer 360-Grad-Perspektive uneingeschränkt umsehen kann. Die Süddeutsche Zeitung und die Fernsehsender ZDF und ARTE stellen mittlerweile VR-Smartphone-Anwendungen zur Verfügung. Es werden journalistische Inhalte beziehungsweise Reportagen, die mithilfe eines HMDs betrachtet werden können, geboten.[50] [51] [52]

---

47 Bymer, Loren (2012): „Virtual reality used to train Soldiers in new training simulator", unter: https://www.army.mil/article/84453 (aufgerufen am: 23.05.2017)

48 Lawrie, Graeme (2017): „How our school is using Virtual Reality to prepare pupils for a future dominated by technology", unter: http://www.telegraph.co.uk/education/2017/01/23/school-using-virtual-reality-prepare-pupils-future-dominated/ (aufgerufen am: 23.05.2017)

49 Google Inc. Expeditions (2017): „Bring Your Lessons To Life", unter: https://edu.google.com/expeditions/#about (aufgerufen am: 23.05.2017)

50 Hein, David (2016): „Süddeutsche Zeitung startet Virtual-Reality-Reportagen", unter: http://www.horizont.net/medien/nachrichten/Zu-den-Olympischen-Spielen-Sueddeutsche-Zeitung-startet-Virtual-Reality-Reportagen-141749 (aufgerufen am: 24.05.2017)

51 Huthmann, Magda (2016): „Begleitendes 360°-Online-Angebot und VR-App", unter: http://www.presseportal.de/pm/7840/3436033 (aufgerufen am: 24.05.2017)

Bei dieser neuen Entwicklung handelt es sich um eine große Chance für das Storytelling (Kommunikationsmethode zur Vermittlung von Informationen oder Meinungen) im Qualitätsjournalismus.[53]

5.5 Touristik

Virtual Reality kann einen realgetreuen Blick auf potentielle Reiseziele bieten. Der Reiseinteressierte kann mithilfe der VR-Technologie beispielsweise vor dem Buchen eines Hotels sein Wunschzimmer ansehen und virtuell begehen.[54]

Reisebüros können durch Virtual Reality dem Kunden relevante Reisziele visuell realgetreu präsentieren. Es können Eindrücke einer fremden Stadt, der regionalen Gastronomielandschaft, wichtiger Sehenswürdigkeiten oder der landschaftlichen Gegebenheiten vor Ort noch vor Ankunft nähergebracht werden. Im Vorfeld kann so ein Ausflugsort als sehenswert erachtet oder sich direkt für einen alternativen Ausflugsort entschieden werden. Die virtuellen Touren per VR-System können ebenfalls direkt im eigenen Wohnzimmer über die Internetpräsenz des Reisebüros angeboten werden.[55]

---

52 Schönung, Manuel (2017): „ARTE360 VR - die App", unter: http://sites.arte.tv/360/de/arte360-vr-die-app-360 (aufgerufen am: 24.05.2017)

53 Hertel, Yannic (2016): „Journalismus mit Virtual Reality", unter: http://www.vrnerds.de/journalismus-in-virtual-reality/ (aufgerufen am: 24.05.2017)

54 Kuntz, Michael (2016): „Tourismus: Virtual-Reality-Brillen und Life-Chat", unter: http://www.sueddeutsche.de/reise/tourismus-der-smombie-macht-urlaub-1.3042566-2 (aufgerufen am: 25.05.2017)

55 YouVisit LLC (2016): „Engage The World With Interactive Virtual Experiences", unter: https://www.youvisit.com/?nabe=5125158063046656:1 (aufgerufen am: 24.05.2017)

5.6 Marketing

Produktpräsentationen, zum Beispiel von Fahrzeugen oder Schiffen, können mithilfe von VR beim Kunden erfolgen, ohne das Produkt und Kunde sich am selben Ort befinden müssen, was zum Beispiel zur Vermarktung neuer Reiseziele oder auch zur Bewerbung von Inneneinrichtung dienen kann. Vorteile gegenüber der Fotografie oder dem Bewegtbild sind, dass der potentielle Kunde die präsentierte Sache ausprobieren beziehungsweise nach seinem eigenen Ermessen begutachten und gegebenenfalls direkt Änderungen der Produkteigenschaften sowie Verbesserungen am Angebot vorschlagen kann. So kann der Kunde zum Beispiel das gewünschte Fahrzeug in unterschiedlichen Umgebungen erleben oder beispielsweise die Innenausstattung virtuell erkunden oder verändern.

Eine erhöhte Kundenzufriedenheit ist dabei zu erwarten, da der Käufer im Vorfeld bereits einen genauen Eindruck des Produktes beziehungsweise des Wunschfahrzeuges erhalten hat.[56]

---

56 Ilg, Peter (2017): „Vorsprung durch Virtual Reality", unter: http://www.zeit.de/mobilitaet/2017-01/audi-virtual-reality-autohaus-vertrieb-verkaufsprozess (aufgerufen am: 24.05.2017)

5.7 E-Gaming

Beim Gaming geht es um eine möglichst hohe Immersion während des Spielens. Oft wird eine realgetreue Darstellung angestrebt, damit der Spieler tief in die Spielwelt eintaucht und er diese für einen Zeitraum zu seiner eigenen Realität werden lässt. Ist diese Spielwelt in sich logisch und authentisch dargestellt, kommt es in der Regel zu einem hohen Grad an Immersion. Die VR-Technologie stellt einen Meilenstein im Bezug auf die Präsentation der Inhalte von E-Games dar. Der Spieler wird hierbei durch die Erfassung der Körperbewegungen, der individuellen Blickrichtung und die digitale Umsetzung der eigenen Gesten noch intensiver ein Teil des Spiels und der Spielwelt, besonders deutlich wird dies bei Verwendung der sogenannten Room-scale-Technologie.

Virtual Reality: Unbegrenzte Einsatzmöglichkeiten

Welche Medieninhalte haben Sie bereits mit einer VR-Brille genutzt?

70 % Computer- und Videospiele	**31 %** Orte bereisen	**14 %** Musikkonzerte
32 % Film- und Bewegtbildinhalte	**20 %** Wohnungs- und Häuserplanung	**11 %** Sportereignisse

Abbildung 8: Virtual Reality: Unbegrenzte Einsatzmöglichkeiten (eigene Darstellung) | Quelle: https://www.bitkom.org/Presse/Presseinformation/Jeder-fuenfte-Deutsche-hat-schon-eine-Virtual-Reality-Brille-benutzt.html

5.8 Erkenntnisse zu Einsatz- und Verwendungsmöglichkeiten

Die Einsatzmöglichkeiten von Virtual Reality sind vielfältig und können fast in jedem Bereich, in dem digitale Medien dem Menschen dienen oder beispielsweise für Unterhaltung sorgen, einen Mehrwert bieten.

VR bietet zudem einen technologischen Fortschritt gegenüber konventionellen analogen sowie digitalen Medien und ermöglicht darüber hinaus für viele Verwendungszwecke eine verbesserte Visualisierung der zu präsentierenden Medieninhalte.

Ergänzend gilt es zu erwähnen, dass in verschiedenen Bereichen zukünftig eventuell die Möglichkeit besteht die reale Freizeitgestaltung (wie beispielsweise Bergsteigen, Fallschirmspringen oder andere riskante Tätigkeiten) durch Erfahrungen in der Virtual Reality annähernd zu ersetzen.

Ebenfalls wahrscheinlich ist, dass in naher Zukunft viele bisher reale Erlebnisse oder auch Kaufentscheidungen von Produkten vollständig in der Virtual Reality erlebt oder getroffen werden.

6. Medienmarkt: E-Gaming

6.1 Umsatz von E-Games

Die Umsätze durch die E-Game-Verkäufe der vergangenen Jahre zeigen die Größe auf dem internationalen Medienmarkt und die wirtschaftliche Relevanz des E-Gamings beziehungsweise der E-Games (häufig auch Digital Games oder digitale Spiele genannt). Der Markt schließt Smartphone-Spiele, Browser-Spiele im Internet, Spiele in sozialen Netzwerken sowie Spiele auf Spielkonsolen und Heimcomputern mit ein. Die E-Gaming-Branche bewegt sich also längst nicht mehr nur in einer Nische.

Um ein Beispiel dafür zu nennen, gilt es eines der aufwendigsten und bestverkauften E-Games aller Zeiten vom Publisher (Verleger von digitalen Spielen) Rockstar Games mit dem Titel Grand Theft Auto 5 (kurz GTA 5) zu erwähnen. Rockstar Games gab nach Erscheinen bekannt, dass innerhalb der ersten 24 Stunden mit dem Spiel ein Umsatz von mehr als 800 Millionen US-Dollar erwirtschaftet wurde. Im Vergleich dazu brachte der letzte Teil der Harry-Potter-Filme am Wochenende des Kinostarts nur 483 Millionen US-Dollar ein. Dennoch zählt das Werk zu einem der umsatzstärksten Filme zum Kinostart.[57] Solche Meldungen stellen selbstverständlich keinen direkten Vergleich zwischen der Film- und der Game-Branche dar, zeigen aber schon eine gewisse Relevanz des Marktes auf.

Laut dem Bundesverband game (Verband der deutschen Games-Branche e. V.) wuchs der deutsche Markt für Videospiele kürzlich um 15 Prozent. Der Umsatz 2016 von 2.904 Millionen Euro stieg auf einen Umsatz von 3.364 Millionen Euro im Jahr 2017.[58]

---

57 Biermann, Kai (2013): „Grand Theft Auto V spielt 800 Millionen Dollar ein", unter: http://www.zeit.de/digital/games/2013-09/grand-theft-auto-v-einnahmen (aufgerufen am: 24.05.2017)

58 game – Verband der deutschen Games-Branche e.V. (2017): „Gesamtmarkt Digitale Spiele 2017", unter: https://www.game.de/marktdaten/gesamtmarkt-digitale-spiele-2017/ (aufgerufen am: 03.05.2018)

6.2 Virtual Reality E-Gaming

Die VR-Technologie ist nicht völlig neuartig. Neu ist aber, dass die Technologie in einer sehr hohen Qualität erhältlich ist und mittlerweile zu einem vergleichsweise günstigen Preis angeboten wird und somit auch für den privaten Nutzer beziehungsweise Gamer finanziell erschwinglich ist.

Vorrausetzung dafür ist aber in der Regel ein sehr leitungsstarker Heimcomputer, eine Spielkonsole der neusten Generation oder ein aktuelles Smartphone mit einem Bluetooth-Eingabegerät und einer VR-Brille, die mindestens einer Google-Cardboard-Variante ähnelt.

Auf dem Spielkonsolenmarkt hat bis jetzt nur Sony mit der PlayStation 4 und dem dafür zusätzlich erhältlichen HMD den Schritt an den Massenmarkt gewagt.

Microsoft bietet nun eine verbesserte und leistungsstärkere Version der aktuellen Videospielkonsole (die Xbox One X) zum Verkauf an. Es wird vermutet, dass auch Microsoft zukünftig eine VR-Brille beziehungsweise ein HMD für ihre Konsole vorstellen könnte.[59] Auch über eine mögliche Hardware-Kooperation zwischen der Oculus Rift und der Xbox One X wird in Expertenforen diskutiert.

Der japanische Spielkonsolenentwickler Nintendo möchte sich laut eigener Angaben noch nicht so umfassend mit dem Thema Virtual Reality auseinandersetzen und stellte seine aktuelle Konsole (die Nintendo Switch) ohne vergleichbare Eigenschaften vor. „Die Möglichkeiten der Technologie werden momentan aber bereits intern geprüft", so ein Kommentar des Unternehmens aus dem Jahr 2017.[60]

---

59 Kahl, Julius (2017): „Xbox One Scorpio kommt definitiv mit VR-Unterstützung", unter: http://www.pcgameshardware.de/Xbox-One-Project-Scorpio-Konsolen-264559/News/Kommt-mit-VR-Support-1219468/ (aufgerufen am: 24.05.2017)

60 Rossow, Hannes (2017): „Nintendo Switch - VR-Unterstützung möglich, wenn es bequem genug ist", unter: http://www.gamepro.de/artikel/

Experten schlussfolgern aufgrund von Informationen, die sich auf das US-Patentamt beziehen, dass Nintendo Absichten im Bereich des Virtual Reality Gamings hegt. Den Berichten liegen ein angemeldetes Patent mit umfangreichen Informationen sowie eine Zeichnung einer VR-Brille zugrunde.[61]

Aber auch ohne das bekannte Videospielunternehmen wird die Anzahl der aktiven VR-Nutzer in den nächsten Jahren wahrscheinlich wachsen und weitere zahlreiche Anwendungen und Spiele für die Systeme auf dem Markt erscheinen.

---

nintendo-switch-vr-unterstuetzung-moeglich-wenn-es-bequem-genug-ist, 3309030.html (aufgerufen am: 24.05.2017)

61 Steinlechner, Peter (2016): „Nintendos Switch möglicherweise auch VR-kompatibel", unter: http://www.gamepro.de/artikel/nintendo-switch-vr-unterstuetzung-moeglich-wenn-es-bequem-genug-ist,3309030.html (aufgerufen am: 24.05.2017)

6.3 Virtual Reality E-Gaming in Deutschland

Laut einer Studie des Bundesverband Informationswirtschaft, Telekommunikation und neue Medien e. V. (kurz Bitkom e. V.) haben 30 Prozent der deutschen Gamer konkretes Interesse an VR-Brillen beziehungsweise ein Interesse am Kauf eines HMDs.[62]

Abbildung 9: Interesse an einer VR-Brille (eigene Darstellung)
Quelle: https://www.bitkom.org/Presse/Presseinformation/Virtual-Reality-wird-immer-bekannter.html

Laut einer weiteren Studie (der Bitkom Research GmbH), interessieren sich „potentielle Nutzer auch für den Konsum von Musikkonzerten (14 Prozent), Filmen (32 Prozent) und Sportereignissen (11 Prozent). Aber auch im Arbeitsumfeld stoßen VR-Brillen auf Interesse; 20 Prozent wünschen sich die Visualisierung von Wohnungs- und Häuserplanung. Auch ein Interesse an Bildungs- und Lernprojekten in Virtual Reality besteht."[63]

---

62 Bitkom Research GmbH (2016): „Research Spotlight 2016-04", unter: https://www.bitkom-research.de/Presse/Spotlight/Research-Spotlight-2016-04-Virtual-Reality (aufgerufen am: 16.04.2018)

63 Bitkom Research GmbH (06.10.2017): „Repräsentative Umfrage zum Interesse an Virtual Reality", unter: https://www.bitkom.org/Presse/

6.4 Relevante Unternehmen und Umsatzprognose bis 2020

Zurzeit gilt der digitale Videospielemarkt als Vorreiter im Bereich VR-Software. Es sind bereits hunderte digitale Spiele für die aktuellen VR-Systeme verfügbar.[64]

Der VR-Hardware-Markt wird derzeitig von fünf großen Unternehmen dominiert. Hauptakteure sind seit Jahren: HTC mit dem VR-System Vive, Oculus VR mit der Rift, Google mit der Daydream und Cardboard VR, Samsung mit der Gear VR und Sony mit der PlayStation VR.

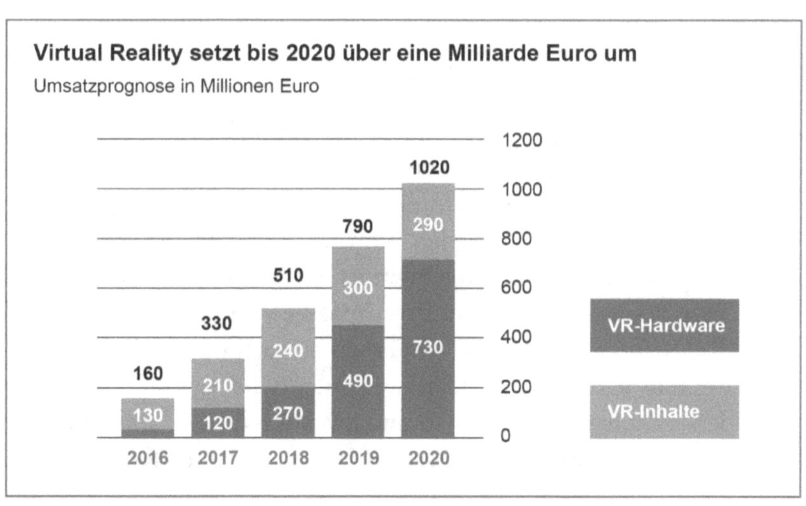

Abbildung 10: Virtual Reality: Umsatzprognose bis 2020 (eigene Darstellung) | Quelle: https://www.bitkom.org/Presse/Presseinformation/Virtual-Reality-treibt-Entwicklung-der-Unterhaltungselektronik-an.html

---

Presseinformation/Jeder-fuenfte-Deutsche-hat-schon-eine-Virtual-Reality-Brille-benutzt.html (aufgerufen am: 16.04.2018)

64 Greenham, Aleck (2017): „The latest and greatest virtual reality content for your device", unter: https://www.wearvr.com/browse/popular?gclid=CK7lm9Llq9MCFULjGwodTHMKFA (aufgerufen am: 25.05.2017)

Das größte Angebot an VR-Games bietet zurzeit das Netzwerk und Gaming-Portal Steam. Das Unternehmen Valve (vor allem bekannt durch digitale Spiele wie Counter-Strike und Half-Life) und das Unternehmen HTC sind gemeinsame Entwickler des VR-Systems Vive, das Anfang April 2016 offiziell am Markt eingeführt wurde und seitdem auch in Deutschland verfügbar ist.[65]

Die Umsatzprognosen betreffend VR-Hardware und VR-Software deuten auf ein riesiges Marktpotential hin und die Branche erwartet eventuell einen Umsatz von über einer Milliarde Euro im Jahr 2020.

6.5 Erkenntnisse betreffend des Medienmarktes: E-Gaming

Die Zahlen der Prognosen zeigen einen deutlichen Trend hin zum Virtual Reality Gaming. Die potentiellen Käufer könnten mit einem relativ geringen Anschaffungspreis zu einem Kauf angeregt werden. Voraussetzung ist ein Angebot von qualitativen Anwendungen beziehungsweise Spielen. Allgemein ist der Markt für digitale Spiele seit Jahren stark am Wachsen. Die Umsätze von VR-Anwendungen und VR-Spielen sind vergleichsweise zwar noch nicht sehr hoch, die Branche sieht Virtual Reality aber als potentielle Revolution für den aktuellen Spielemarkt und somit investieren alle namenhaften Unternehmen der Branche in die Technologie und in VR-Games.[66]

---

65 Kneussel, Johannes (2016): „HTC Vive: Release-Datum und Preis - Wann erscheint die VR-Brille und was wird sie kosten?", unter: http://www.giga.de/zubehoer/htc-vive/specials/htc-vive-preis-kosten-release/ (aufgerufen am: 25.05.2017)

66 PricewaterhouseCoopers Aktiengesellschaft Wirtschaftsprüfungsgesellschaft (2016): „Digital Trend Outlook 2016: Virtual Reality: Der Durchbruch für den Gaming-Markt" unter: http://www.pwc.de/de/technologie-medien-und-telekommunikation/virtual-reality-der-durchbruch-fuer-den-gaming-markt.html (aufgerufen am: 25.05.2017)

Auch laut einer aktuellen Studie der Wirtschaftsprüfungsgesellschaft PricewaterhouseCoopers GmbH ist immerhin jeder vierte Gamer konkret am Kauf einer VR-Brille beziehungsweise eines HMDs interessiert.

Der von der Studie ermittelte Preis, den der Endverbraucher momentan bereit wäre zu zahlen, liegt bei 78,00 bis zu 153,00 Euro. Samsung trifft diese Preisvorstellung mit der Gear VR und dem Verkaufspreis von 50,00 bis 130,00 Euro. Der Preis variiert je nach Ausstattung und inbegriffenem Zubehör. Zusätzliche Voraussetzung ist aber stets ein Android Smartphone der neusten Generation. Die Samsung Gear VR ist laut der Umfrage im Vergleich zu anderen Systemen auch am bekanntesten.[67]

Aktuell gibt es viele qualitative Virtual Reality Games am Markt. Die meisten dieser Spiele sind zurzeit nur für die PlayStation VR, die Oculus Rift und die HTC Vive verfügbar. Mit zunehmender Leistung der Smartphones wird es zukünftig auch sehr aufwendige Spiele beziehungsweise hochwertige Anwendungen im mobilen Bereich geben.

---

67 PricewaterhouseCoopers Aktiengesellschaft Wirtschaftsprüfungsgesellschaft (2017): „Digital Trend Outlook 2016 - Virtual Reality: Nimmt der Gaming-Markt eine Pionier-Rolle ein?", unter: Quelle: https://www.pwc-wissen.de/pwc/de/shop/publikationen/Digital+Trend+Outlook+2016/?card=19916 (aufgerufen am: 25.05.2017)

7. Untersuchung: Virtual Reality Hard- und Software

7.1 Einführung: Praktische Analyse

In diesem Abschnitt der Arbeit werden die Ergebnisse hinsichtlich der praktischen Nutzung von Anwendungen und Spielen im Bereich Virtual Reality dargestellt.

Es wurden praktische Untersuchungen mit folgenden Systemen durchgeführt:

- Google Cardboard mit Android-Smartphone
- HTC Vive mit High-End-Heimcomputer
- Microsoft HoloLens
- Oculus Rift mit Xbox One Gamepad
- Samsung Gear VR mit Samsung Galaxy S6

7.2 Erklärung: Auswahl und Analysematrix

Die getroffene Auswahl getesteter E-Games und Anwendungen beruht auf recherchierten Ergebnissen betreffend Rezensionen von Kritikern der Fachpresse aus dem Bereich des Videospiel- und Technikjournalismus. Ebenfalls wurde das Metascore-Ergebnis von Metacritic (siehe Glossar), falls dieses bereits eingestuft wurden ist, berücksichtigt.

Es wurde entschieden, die folgenden Tabellen direkt in den Text der Arbeit aufzunehmen, damit im weiteren Verlauf des Lesens ein detaillierter Gesamteindruck betreffend der unterschiedlichen Spezifikationen der entsprechenden Spiele und Anwendungen entsteht.

Zu Beginn wird jeweils eine Übersicht der Einzelheiten des Spiels oder der Anwendung in Form einer Datenmatrix dargestellt. Darauffolgend wird eine Inhaltsbeschreibung der jeweils untersuchten Software geboten und ein ergänzender Kommentar abgegeben.

Folgende Virtual Reality E-Games wurden ausgewählt:

- Arizona Sunshine (Actionspiel)
- EVEREST VR (Simulation)
- Space Pirate Trainer (Actionspiel)
- Subnautica (Survival- Abenteuerspiel)
- The Lab (Sammlung verschiedener Mini-Spiele)
- The Solus Project (Sci-Fi-Abenteuerspiel)

Folgende Software, die nicht den E-Games zuzuordnen ist, wurde ausgewählt:

- Destinations (Social-VR-Anwendung)
- Google Earth VR (Darstellung von 3-D-Kartenmaterial)
- IKEA Experience (VR-Anwendung zum Test von Kücheneinrichtungen)
- Netflix VR (Anwendung zur Videowiedergabe in einem virtuellen Raum)
- SLIVER.tv (Virtual-Reality-Videowiedergabe-Anwendung)
- Tilt Brush (Anwendung um VR-Grafiken zu erstellen)

Um eine repräsentative Stichprobe zu gewährleisten, wurden jeweils sechs führende Titel aus unterschiedlichen Genres, mit teilweise verschiedenen Bewegungsarten (sitzend, stehend, liegend und raumfüllend) sowie aus unterschiedlichen Herkunftsländern ausgewählt. Alle Anwendungen und Spiele erschienen im Zeitraum von 2014 bis 2018.

7.3 Daten, Inhalt und Kommentar zur untersuchten Software

Daten zum Titel: Arizona Sunshine	
Entwickler:	Vertigo Games BV
Erscheinungsdatum (D):	6. Dezember 2016
Genre (Subgenre):	Action (Survival-Horror)
Preis:	39,99 EUR
Sprache (Oberfläche/Ton):	Deutsch/Englisch
USK-Freigabe:	freigegeben ab 12 Jahren
Webseite:	www.vertigo-games.com
Herkunftsland:	Niederlande
Systemanforderungen:	hoch
Umfang (Spielwelt):	mittel
Spielzeit:	ca. 10 Stunden
Wiederspielwert:	hoch
Steuerung (Eingabeart):	erfasste Bewegungscontroller
Bewegungsart (vorwiegend):	raumfüllend
Bewegungsgrad:	mittel bis hoch
Immersionsgrad:	hoch
Mehrwert gegenüber vergleichbarer Spiele ohne VR-Unterstützung:	vorhanden

Tabelle 2: Datenmatrix Arizona Sunshine (eigene Darstellung)

Arizona Sunshine

Der Protagonist wacht in einer Höhle in der amerikanischen Wüste Arizonas auf und verteidigt sich vornehmlich mit Schusswaffen gegen Zombies. Die Geschichte der Kampagne und die Protagonisten sind vergleichsweise simpel gestaltet, das Spiel wird durch seinen hohen Immersionsgrad dennoch zu einem Erlebnis in der Virtual Reality und beweist was die Technologie in Verbindung mit dem Gaming gegenwärtig in der Lage ist zu leisten.

Arizona Sunshine war eines der meisterwarteten VR-Spiele. Das E-Game wäre ohne die VR-Unterstützung ein völlig konventionelles Actionspiel, welches ohne die Unterstützung der VR-Technologie sicherlich nicht den Erfolg am Games-Markt hätte. Das Spiel bietet viel Inhalt für einen vergleichsweise geringen Kaufpreis. Arizona Sunshine wird als eines der ersten *vollwertigen* VR-Spiele (Spiel mit komplexer Handlung und umfangreicher Spielzeit) gesehen. Es bietet Eigenschaften wie die eines konventionellen E-Games des Genres, zuzüglich dem Mehrwert eines Virtual-Reality-Erlebnisses.

Daten zum Titel: EVEREST VR	
Entwickler:	Sólfar Studios ehf.
Erscheinungsdatum (D):	2. August 2016
Genre (Subgenre):	Simulation (Abenteuer)
Preis:	14,99 EUR
Sprache (Oberfläche/Ton):	Englisch/Englisch
USK-Freigabe:	ohne Altersbeschränkung
Webseite:	www.solfar.com
Herkunftsland:	Island
Systemanforderungen:	mittel
Umfang:	sehr gering
Spielzeit:	ca. 1 Stunde
Wiederspielwert:	niedrig
Steuerung (Eingabeart):	erfasste Bewegungscontroller
Bewegungsart (vorwiegend):	raumfüllend
Bewegungsgrad:	niedrig
Immersionsgrad:	mittel
Mehrwert gegenüber vergleichbarer Spiele ohne VR-Unterstützung:	vorhanden, aber eher gering

Tabelle 3: Datenmatrix EVEREST VR (eigene Darstellung)

EVEREST VR

Das Spiel beziehungsweise die Sportsimulation EVEREST VR lässt den Spieler virtuell den Gipfel des höchsten Berges der Erde erklimmen und richtet sich fernab des Action-Genres an VR-Spieleinsteiger und Simulationsliebhaber.

Laut Aussagen des Entwicklers wurde EVEREST VR als eine interaktive Erfahrung entwickelt, welche besonders VR-Neulingen die Möglichkeiten der Technologie demonstrieren soll. Doch für eine Simulation bietet es zu wenige Möglichkeiten der Bedienung und für ein richtiges Spiel ist es viel zu kurz. Nach noch nicht einmal einer Stunde ist der Gipfel ohne jegliche Herausforderung bestiegen. Ein Wiederspielwert ist nicht zu erkennen. Obwohl der Preis in den letzten Monaten reduziert wurde, ist es eher eine Demonstration der Technologie, statt einem vollwertigen Erlebnis.

Daten zum Titel: Subnautica	
Entwickler:	Unknown Worlds Entertainment
Erscheinungsdatum (D):	16. Dezember 2014
Genre (Subgenre):	Abenteuer (Survival)
Preis:	22,99 EUR
Sprache (Oberfläche/Ton):	Deutsch/Englisch
USK-Freigabe:	freigegeben ab 12 Jahren
Webseite:	www.unknownworlds.com/subnautica
Herkunftsland:	Vereinigte Staaten von Amerika
Systemanforderungen:	hoch
Umfang:	groß
Spielzeit:	ca. 40 Stunden
Wiederspielwert:	hoch
Steuerung (Eingabeart):	Gamepad
Bewegungsart (vorwiegend):	sitzend
Bewegungsgrad:	niedrig
Immersionsgrad:	hoch
Mehrwert gegenüber vergleichbarer Spiele ohne VR-Unterstützung:	vorhanden

Tabelle 4: Datenmatrix Subnautica (eigene Darstellung)

Subnautica

Der Spieler findet sich in einer Rettungskapsel auf einem Planeten, dessen Oberfläche überwiegend aus Wasser besteht wieder. Der Protagonist kämpft anschließend über und unter dem Wasser um sein Überleben.

Das Spiel des Entwicklers Unknown Worlds Entertainment ist ein sehr umfangreiches Abenteuerspiel, mit großer Immersion und langer Gesamtspielzeit. Subnautica lässt den Spieler in eine riesige Unterwasserwelt *abtauchen*. Das HMD fühlt sich an wie die Taucherbrille des Avatars und unterstütz die Immersion noch zusätzlich. Dem Gamer wird hier viel Inhalt für den Kaufpreis geboten. Spieler, die schnell an Motion Sickness leiden, sollten sich aber nur langsam an das VR-Spielgefühl von Subnautica herantasten.

Daten zum Titel: Space Pirate Trainer	
Entwickler:	I-Illusions
Erscheinungsdatum (D):	5. April 2016
Genre (Subgenre):	Action (Shooter)
Preis:	14,99 EUR
Sprache (Oberfläche/Ton):	Englisch/Englisch
USK-Freigabe:	freigegeben ab 12 Jahren
Webseite:	www.spacepiratetrainer.com
Herkunftsland:	Belgien
Systemanforderungen:	hoch
Umfang:	mittel
Spielzeit:	ca. 5 Stunden
Wiederspielwert:	hoch
Steuerung (Eingabeart):	erfasste Bewegungscontroller
Bewegungsart (vorwiegend):	stehend
Bewegungsgrad:	mittel
Immersionsgrad:	hoch
Mehrwert gegenüber vergleichbarer Spiele ohne VR-Unterstützung:	vorhanden

Tabelle 5: Datenmatrix Space Pirate Trainer (eigene Darstellung)

Space Pirate Trainer

Der Protagonist Man steht auf einer Plattform in einer futuristischen Umgebung und verteidigt diese mithilfe von Schusswaffen wie zum Beispiel Lasern. Die Idee ist simpel und wenig innovativ, dennoch fordert das Spiel eine gute körperliche Kondition und viel Geschick. Die grafische Darstellung ist überaus gelungen und der Spielspaß in der Virtual Reality entsprechend hoch.

Space Pirate Trainer ist für VR-Einsteiger und Actionfans grundsätzlich sehr gut geeignet. Das Spiel präsentiert sich visuell auf dem neusten Stand der Technik, die Bedienbarkeit ist schnell erlernt und ein tolles, auch wenn nur kurzzeitiges, VR-Erlebnis ist garantiert.

Daten zum Titel: The Lab	
Entwickler:	Valve Corporation
Erscheinungsdatum (D):	5. April 2016
Genre (Subgenre):	Minispiele-Sammlung
Preis:	kostenfrei
Sprache (Oberfläche/Ton):	Deutsch/Englisch
USK-Freigabe:	ohne Altersbeschränkung
Webseite:	www.valvesoftware.com/
Herkunftsland:	Vereinigte Staaten von Amerika
Systemanforderungen:	niedrig
Umfang:	groß
Spielzeit:	ca. 15 Stunden
Wiederspielwert:	hoch
Steuerung (Eingabeart):	erfasste Bewegungscontroller
Bewegungsart (vorwiegend):	stehend
Bewegungsgrad:	mittel
Immersionsgrad:	hoch
Mehrwert gegenüber vergleichbarer Spiele ohne VR-Unterstützung:	vorhanden

Tabelle 6: Datenmatrix The Lab (eigene Darstellung)

The Lab

Die Minispiele-Sammlung des Entwicklers Valve ist kostenfrei für die HTC Vive erhältlich. Die beinhalteten Spiele stellen einen guten Überblick verschiedener Spielgestaltungsmöglichkeiten in Virtual Reality dar und sind auch für andere potentielle Entwickler interessant. Zudem lernt der VR-Einsteiger schrittweise das HTC-Vive-System und das VR-Gaming anhand von Tipps und Übungen kennen.

Der Entwickler Valve zeigt mit dieser Anwendung was die HTC Vive für Möglichkeiten bieten kann und welche neuen Spielkonzepte und Ideen bereits in Virtual Reality umgesetzt werden können. Die Minispiele werden visuell sehr ansprechend präsentiert und fast jedes Genre ist vertreten. The Lab bietet den perfekten Start in die Welt von Virtual Reality, da es sehr einsteigerfreundlich ist und in Sachen grafischer Darstellung neue Maßstäbe setzt.

Daten zum Titel: The Solus Project	
Entwickler:	Teotl Studios
Erscheinungsdatum (D):	7. Juni 2016
Genre (Subgenre):	Abenteuer (Survival)
Preis:	18,99 EUR
Sprache (Oberfläche/Ton):	Deutsch/Englisch
USK-Freigabe:	freigegeben ab 6 Jahren
Webseite:	www.teotlstudios.com
Herkunftsland:	Schweden
Systemanforderungen:	niedrig
Umfang:	groß
Spielzeit:	ca. 20 Stunden
Wiederspielwert:	niedrig
Steuerung (Eingabeart):	erfasste Bewegungscontroller
Bewegungsart (vorwiegend):	raumfüllend
Bewegungsgrad:	mittel
Immersionsgrad:	hoch
Mehrwert gegenüber vergleichbarer Spiele ohne VR-Unterstützung:	vorhanden

Tabelle 7: Datenmatrix The Solus Project (eigene Darstellung)

The Solus Project

Das sehr atmosphärische virtuelle Abenteuer der Teotl Studios zeigt eindrucksvoll wie durch eine gute Spielhandlung und Geschichte ein sehr hoher Grad an Immersion erreicht werden kann. Der Protagonist reist in einem futuristischen Szenario zu einem erdähnlichen Planeten und soll diesen für eine Besiedelung der Menschheit erkunden.

Dieses Spiel wurde von mir auch am PC-Bildschirm ohne HMD getestet. Nach nur wenigen Momenten war ein großer Unterschied bezüglich der Immersion zu erkennen. Virtual Reality kann gute, auf VR angepasste, Spiele noch besser präsentieren und eine sehr starke Immersion hervorrufen. Ein gutes Spiel sorgt stets für eine entsprechende Immersion, ein sehr gutes VR-Spiel somit umso mehr.

Wenn von einem *Virtual-Reality-Erlebnis* gesprochen werden kann, dann bei diesem Spiel. Vorausgesetzt natürlich, dass dem Spieler das Genre und die Spielwelt gefällt.

Daten zum Titel: Destinations	
Entwickler:	Valve Corporation
Erscheinungsdatum (D):	9. Juni 2016
Nutzen:	spielerisch in VR neue Kontakt aufbauen
Preis:	kostenfrei
Sprache (Oberfläche/Ton):	Deutsch/Englisch
USK-Freigabe:	ohne Altersbeschränkung
Webseite:	http://store.steampowered.com/ app/453170/Destinations/
Herkunftsland:	Vereinigte Staaten von Amerika
Systemanforderungen:	niedrig
Umfang:	mittel
Steuerung (Eingabeart):	erfasste Bewegungscontroller / Gamepad
Bewegungsart (vorwiegend):	raumfüllend
Bewegungsgrad:	niedrig
Immersionsgrad:	niedrig bis mittel
Mehrwert gegenüber vergleichbarer Anwendung ohne VR-Unterstützung:	vorhanden, aber eher gering (Social VR hat wahrscheinlich aber im Allgemeinen großes Potential)

Tabelle 8: Datenmatrix Destinations (eigene Darstellung)

Destinations

Die Anwendung Destinations bietet die Möglichkeit an weltbekannten Orten in einer fotorealistischen Umgebung auf Schatzsuche zu gehen. Hierbei steht eine stark soziale Komponente im Vordergrund da es dem Nutzer möglich ist mit anderen zu kommunizieren und virtuell zu interagieren.

Die Anwendung ermöglicht es dem Nutzer in Form eines digitalen Avatars, den es gilt völlig frei zu gestalten, verschiedene Quest (englisch für Aufgaben oder Suchmissionen), zu absolvieren. Anhand von Gestik und Sprache kann nach Wunsch mit anderen Nutzern kommuniziert werden. Bis jetzt sind Social-VR-Anwendungen noch eine Seltenheit am Markt. Wer gerne spielerisch neue Freunde in VR finden und nebenbei noch die neue Technologie kennenlernen möchte, ist bei der kostenfreien Anwendung Destinations genau richtig, vor allem da die gesamte Kommunikation miteinander völlig intuitiv und unkompliziert erfolgt.

Daten zum Titel: Google Earth VR	
Entwickler:	Google Inc.
Erscheinungsdatum (D):	16. November 2016
Nutzen:	virtuelle Darstellung von Kartenmaterial und Satellitenbildern
Preis:	kostenfrei
Sprache (Oberfläche/Ton):	Deutsch/Deutsch
USK-Freigabe:	ohne Altersbeschränkung
Webseite:	www.vr.google.com/earth/
Herkunftsland:	Vereinigte Staaten von Amerika
Systemanforderungen:	mittel
Umfang:	mittel
Steuerung (Eingabeart):	erfasste Bewegungscontroller
Bewegungsart (vorwiegend):	stehend (raumfüllend)
Bewegungsgrad:	niedrig
Immersionsgrad:	mittel
Mehrwert gegenüber vergleichbarer Anwendung ohne VR-Unterstützung:	vorhanden, aber eher gering

Tabelle 9: Datenmatrix Google Earth VR (eigene Darstellung)

Google Earth VR

Google bietet das bekannte Earth nun auch als VR-Variante an. Die Anwendung ist genau wie die Variante für den konventionellen Heimcomputer oder wie die für das Smartphone kostenfrei erhältlich. Google Earth VR bietet alle Eigenschaften der bekannten Google-Anwendung, lässt sich aber mithilfe eines HMDs in einer völlig virtuellen 360-Grad-Perspektive und mit einer intuitiven Gestensteuerung erleben und nutzen.

Die Darstellung des Kartenmaterials und der Satellitenbilder funktioniert flüssig und anwenderfreundlich. Google Earth in der Virtual Reality zu erleben, macht einfach Spaß, da es dem Nutzer visuell hervorragend präsentiert wird und die Bedienung der Anwendung vollkommen unkompliziert erfolgt.

Daten zum Titel: IKEA VR Experience	
Entwickler:	IKEA Communications AB
Erscheinungsdatum (D):	5. April 2016
Nutzen:	Test von Kücheneinrichtungen in VR
Preis:	kostenfrei
Sprache (Oberfläche/Ton):	Englisch/Englisch
USK-Freigabe:	ohne Altersbeschränkung
Webseite:	www.ikea.com/ms/en_US/this-is-ikea/ikea-highlights/Virtual-reality/index.html
Herkunftsland:	Schweden
Systemanforderungen:	niedrig
Umfang:	gering
Steuerung (Eingabeart):	erfasste Bewegungscontroller
Bewegungsart (vorwiegend):	raumfüllend
Bewegungsgrad:	niedrig
Immersionsgrad:	mittel
Mehrwert gegenüber vergleichbarer Anwendung ohne VR-Unterstützung:	vorhanden

Tabelle 10: Datenmatrix IKEA VR Experience (eigene Darstellung)

IKEA VR Experience

Mit der Anwendung IKEA VR Experience ist es dem Nutzer möglich in der Virtual Reality einige der Kücheneinrichtungen des schwedischen Möbelhauses zu begehen und noch vor einem Kauf auszuprobieren. Es lassen sich beispielsweise die Höhe der Arbeitsfläche anpassen und Schubladen öffnen und schließen.

IKEA beschreitet mit der Anwendung einen neuen Weg in Sachen Marketing. Die Farbe der langersehnten Küchenmöbel, die Höhe der neuen Arbeitsfläche, eine Erprobung der Wasserhähne und Schubfächer sowie die gesamte Gestaltung der vollständigen Räumlichkeit ist in der Anwendung je nach Wunsch ganz individuell anzupassen. Die Anwendung bietet somit eine bessere Präsentationsmöglichkeit als konventionelle Produktabbildungen, beispielsweise anhand von Fotografien, und erleichtert somit die Kaufentscheidung. Der IKEA Virtual Reality Showroom ist auch bereits verfügbar und ermöglicht in ausgewählten IKEA-Filialen Produkte des Möbelherstellers in einem virtuellen Schauraum interaktiv zu betrachten und zu erleben.[68]

---

68 Kerkhoff, Kristian; Alexander El-Meligi (2016): „IKEA Virtual Reality Showroom", unter: www.demodern.de/projekte/ikea-vr-showroom (aufgerufen am: 25.05.2017)

Daten zum Titel: Netflix VR	
Entwickler:	Netflix Inc.
Erscheinungsdatum (D):	9. Dezember 2016
Nutzen:	Film- und Videowiedergabe in einem virtuellen Wohnzimmer
Preis:	kostenfrei mit einem Netflix-Abonnement
Sprache (Oberfläche/Ton):	Englisch/Englisch
USK-Freigabe:	freigegeben ab 16 Jahren
Webseite:	www.netflix.com
Herkunftsland:	Vereinigte Staaten von Amerika
Systemanforderungen:	mittel
Umfang:	gering
Steuerung (Eingabeart):	Touchpad
Bewegungsart (vorwiegend):	sitzend, liegend
Bewegungsgrad:	niedrig
Immersionsgrad:	hoch
Mehrwert gegenüber vergleichbarer Anwendung ohne VR-Unterstützung:	nicht vorhanden

Tabelle 11: Datenmatrix Netflix VR (eigene Darstellung)

Netflix VR

Mit dieser Anwendung lassen sich die Inhalte des bekannten US-amerikanischen Streaming-Dienstleisters Netflix in einem virtuellen Wohnzimmer betrachten. Darüber hinaus, bietet die Anwendung wenig Innovationen gegenüber dem Betrachten an einem konventionellen Bildschirm oder TV-Gerät, ist aber aufgrund seiner Kundenanzahl und Verbreitung relevant da der Dienst weltweit über 100 Millionen Kunden zählt.[69]

Die Anwendung bietet nur einen tatsächlichen Mehrwert gegenüber dem Betrachten an einem großen TV-Gerät, wenn die Inhalte im Liegen angesehen werden wollen. Leider ist der Akkuverbrauch so hoch, dass das Schauen von längeren Filmen zum Problem wird. Zudem wird auf Dauer das Smartphone in der VR-Brille sehr warm und kann überhitzen. Auch die Erreichbarkeit über das Smartphone ist während des Schauens eingeschränkt, da es ja als HMD genutzt wird. Das Ausprobieren der Anwendung lohnt sich für Netflix-Kunden. Für ein längeres und regelmäßiges Betrachten von Film- und Videoinhalte besteht aber seitens des US-amerikanischen Unternehmens ein Verbesserungsbedarf.

---

69 Kemp, Stephan (2017): „100 Millionen Mitglieder und Netflix-Chef Reed Hastings feiert allein", unter: http://de.ubergizmo.com/2017/04/24/100-millionen-mitlieder-und-netflix-chef-reed-hastings-feiert-allein.html (aufgerufen am: 26.05.2017)

Daten zum Titel: SLIVER.tv	
Entwickler:	SLIVER.tv
Erscheinungsdatum (D):	20. September 2016
Nutzen:	Wiedergabe von Live-Streams und Videoinhalten
Preis:	kostenfrei
Sprache (Oberfläche/Ton):	Englisch/Englisch
USK-Freigabe:	ohne Altersbeschränkung
Webseite:	http://www.sliver.tv/
Herkunftsland:	Vereinigte Staaten von Amerika
Systemanforderungen:	mittel
Umfang:	mittel
Steuerung (Eingabeart):	erfasste Bewegungscontroller
Bewegungsart (vorwiegend):	sitzend, liegend
Bewegungsgrad:	niedrig
Immersionsgrad:	mittel
Mehrwert gegenüber vergleichbarer Anwendung ohne VR-Unterstützung:	vorhanden, aber stark abhängig von den jeweiligen Medieninhalten

Tabelle 12: Datenmatrix SLIVER.tv (eigene Darstellung)

SLIVER.tv

SLIVER.tv ist eine Plattform zum Aufnehmen, Betrachten und Streamen von Videospiel-Events und Videospiel-Sequenzen. Der Zuschauer kann dabei, im Gegensatz zu klassischen Let's-Play-Videos, die 3-D-Spielwelt des gespielten Spieles mit einem VR-System direkt *betreten*. Er kann sich selbstständig in der Spielwelt umschauen, das Spielgeschehen von einem selbst gewählten Standort betrachten und es aus einer eigenständig gewählten Perspektive verfolgen.

Für Gamer und Gaming-Interessierte bietet das Portal interessante Live-Streams und Let's-Play-Videos an. Das Angebot ist gegenwärtig aber noch relativ überschaubar. Mit der Quantität und Qualität der auf Virtual Reality angepassten Inhalte entscheidet sich der Erfolg dieser und aller vergleichbaren Plattformen.

Daten zum Titel: Tilt Brush	
Entwickler:	Google Inc.
Erscheinungsdatum (D):	5. April 2016
Nutzen:	erstellen von 3-D-Grafiken und Zeichnungen in einem virtuellen Raum
Preis:	19,99 EUR
Sprache (Oberfläche/Ton):	Englisch/Englisch
USK-Freigabe:	ohne Altersbeschränkung
Webseite:	www.tiltbrush.com
Herkunftsland:	Vereinigte Staaten von Amerika
Systemanforderungen:	mittel
Umfang:	mittel
Steuerung (Eingabeart):	erfasste Bewegungscontroller
Bewegungsart (vorwiegend):	stehend
Bewegungsgrad:	mittel
Immersionsgrad:	hoch
Mehrwert gegenüber vergleichbarer Anwendung ohne VR-Unterstützung:	vorhanden

Tabelle 13: Datenmatrix Tilt Brush (eigene Darstellung)

Tilt Brush

Google Tilt Brush ermöglicht dem Nutzer in einem dreidimensionalen Raum in Virtual Reality zu malen, zu zeichnen und Skulpturen zu erschaffen. Verschiedene Pinsel, Farbpaletten und Effekte stehen hierbei zur Auswahl. Tilt Brush ist ein digitales Kunstatelier in der Virtual Reality.

Tilt Brush ist das neue Paint (Microsoft-Anwendung, die seit Windows 95 mit dem Microsoft-Betriebssystem installiert wird). Was damals schon den Windows-Nutzer begeisterte, lebt nun in der virtuellen Realität weiter. Wer mag, kann stundenlang zeichnen und malen, kleine GIF-Dateien animieren und ganz nach Belieben und Kreativität eigene Kunstwerke erschaffen. Eine sehr gelungene Anwendung die Nutzer jeden Alters einen einfachen und intuitiven Zugang zur Virtual Reality bietet.

Außerdem wurde weitere Software auf allen relevanten VR-Systemen praktisch getestet. Hier eine Auflistung der im Zusammenhang mit dieser Arbeit zusätzlich untersuchten VR-Spiele und VR-Anwendungen:

- 3D Organon VR Anatomy
- ARTE360 VR
- Batman: Arkham VR
- Bullet Sorrow VR
- Dating Lessons
- Disney Movies VR
- Facebook Spaces (Betaversion)
- Fruit Ninja VR
- Google Cardboard App
- Hardcode
- NASA App
- NoLimits 2 Roller Coaster Simulation
- Public Speaking VR
- Project CARS
- Simple VR Video Player
- Süddeutsche Zeitung VR
- Virtual Desktop
- YouTube VR

7.4 Erkenntnisse aus der Untersuchung

Virtual Reality Gaming ermöglicht dem Spieler zum ersten Mal sozusagen *tatsächlich* in die Realität der Spielwelten von E-Games einzutauchen, da der Grad an Immersion noch einmal um ein Vielfaches höher ist als beim konventionellen Spielen am PC-Bildschirm oder dem TV-Gerät.

Alles wirkt noch näher, noch realistischer und noch emotionaler. Doch um dieses hohe Niveau des Gamings zu gewährleisten, müssen einige Kriterien erfüllt sein. Eine hohe Bildauflösung ist für qualitative Erlebnisse in Virtual Reality entscheidend, ansonsten kann es kaum zu einer starken Immersion kommen, da das Sehen der einzelnen Bildpunkte den Nutzer beziehungsweise den Spieler permanent auf eine virtuelle Simulation hinweist.

Ebenfalls spielt eine hohe Bildwiederholrate (Anzahl der Bilder pro Sekunde die der Bildschirm eines HMDs anzeigt, oftmals angegeben in Hertz) eine Rolle.

Hier gilt: Je höher, desto besser. Um ein angenehmes und realistisches VR-Erlebnis zu schaffen, sollte ein HMD auch bei schnellen Bewegungen in komplexen dreidimensionalen Umgebungen mindestens 75 Bilder pro Sekunde und Auge anzeigen können, damit sich das Auge möglichst gut *täuschen* lässt und Bewegungen realgetreu und realistisch wirken. Genau wie bei einem Film, entsteht nur durch eine ausreichend hohe Bildwiederholrate, beziehungsweise durch viele dargestellte Bilder nacheinander, die Illusion eines bewegten Bildes.

Auch eine räumlich wirkende Geräuschkulisse, beziehungsweise ein Raumklang, während des VR-Erlebnisses ist für eine hohe Immersion innerhalb der Anwendungen und der Spiele sehr wichtig und trägt fundamental zur Atmosphäre bei.

Eine intensive Spielatmosphäre entsteht auch dadurch, dass der Nutzer durch das HMD und den Kopfhörern vollständig von der Außenwelt abgeschirmt ist. Somit ist zugleich gewährleistet das ausschließlich das dargestellte Bild, beziehungsweise die Handlung des Spiels, dem Rezipienten präsentiert wird und keinerlei ablenkende Einflüsse aus der Umwelt, das Erlebnis in der Virtual Reality und die damit verbundene Immersion, stören können.

Dank Haptik-Funktionen (wie Force Feedback) können Eingabegeräte wie Game Controller oder auch Oculus Touch sowie Vive Controller den Nutzer spüren lassen, wenn dieser in der Virtual Reality zum Beispiel mithilfe seiner Hände mit virtuellen Gegenständen interagiert. Dies geschieht in Form von zielgerichteten Vibrationen der Eingabegeräte, wenn beispielsweise ein Objekt berührt oder gegriffen wird.

Viele Parameter tragen also zu einer hohen Immersion bei und vergrößern das Spielerlebnis signifikant. Dennoch stellte sich zu Beginn der praktischen Untersuchung die Frage, ob das Virtual Reality Gaming einen Mehrwert für den Gamer bereithält.

Die Antwort lautet, dass die Anwendungen und Spiele, in die der Nutzer unmittelbar in die digitale Realität *katapultiert* wird und er in dieser zudem realistisch interagieren kann, einen nie zuvor erreichten Grad an Immersion bieten und die Virtual-Reality-Technologie ein echter Gewinn für die Software der neusten Generation ist.

Der Inhalt der Spiele und Anwendungen sollte im besten Fall auf VR-Erlebnisse und dessen Peripherie zugeschnitten sein. Ältere Spiele und Spielkonzepte lassen sich meist nur schwierig in die Virtual Reality konvertieren, beziehungsweise in ihr umsetzen, zumindest wenn vom Mehrwert der Virtual-Reality-Technologie im vollen Umfang profitiert werden soll.

Viele Anwendungen und Spiele befinden sich zurzeit noch in der sogenannten Early-Access-Phase (Software, bei der die Nutzer mit ihrem Feedback noch Einfluss auf die Entwicklung nehmen) und sind somit noch nicht hundertprozentig fehlerfrei. Es kann daher ab und an zu Programmabstürzen der Anwendungen und Spiele durch eine Überlastung der Hardware, auch bei Verwendung eines High-End-VR-Systems, kommen.

Nichts desto trotz gilt es zu erwähnen, dass die Hard- und Software der Technologie im Allgemeinen gut funktioniert und bereits sehr durchdacht sowie sehr einsteiger- und anwenderfreundlich ist.

8. Kritische Analyse und Schlussfolgerung

Heute ist Virtual Reality noch ein Nischenprodukt, doch das wird sich in den kommenden Jahren ändern. Virtual Reality gehört zu den größten E-Gaming-Trends der letzten Jahre. Wie zum Beispiel die Gründung neuer Unternehmen und die Ankündigung namhafter Software- und Hardware-Hersteller prophezeit, wird das Angebot beziehungsweise der Markt rundum Virtual Reality weiter wachsen.

Auch die Schätzungen der Experten betreffend der Verkaufszahlen der PlayStation VR, HTC Vive und der Oculus Rift, deuten auf eine vielversprechende Zukunft der Technologie hin.[70]

Die Facebook-Unternehmenstochter Oculus VR hat ebenfalls, nach den bereits erschienenen Systemen für die HTC Vive und die Sony PlayStation 4, ihre Version der bewegungserfassenden Eingabegeräte, den Oculus Touch Controller, auf dem Markt gebracht und zusätzlich im gleichen Zeitraum den Preis für das gesamte VR-System Oculus Rift gesenkt.

Für ein möglichst natürliches *VR-Gefühl* und ein realistisches VR-Erlebnis mit hoher Immersion ist Room-scale VR, in Verbindung mit bewegungserfassenden Eingabegeräten und Sensoren, das vielversprechendste Prinzip für eine erfolgreiche Zukunft der Technologie.

Entscheidend für den Einzug von hochwertigen VR-Systemen in die Haushalte der Endverbraucher, wird letztendlich auch der Anschaffungspreis sein, der derzeitig in der Regel zwischen mindestens 50,00 Euro (zuzüglich aktuellem Smartphone und jeweils benötigten weiteren Eingabegeräten) und bis zu 900,00 Euro (zuzüglich einem High-End-Heimcomputer) liegt.

---

70 Grohganz, Christian (2017): „Virtual-Reality-Unternehmen nehmen deutlich zu", unter: http://www.vrnerds.de/virtual-reality-unternehmen-nehmen-zu/ (aufgerufen am: 26.05.2017)

Ein entsprechendes vielfältiges Software-Angebot wird zu einem kommerziellen Erfolg von Virtual Reality beitragen, um mit diesem eine möglichst große Anzahl an Nutzer beziehungsweise Spieler anzusprechen.

Besitzer einer aktuellen Spielkonsole von Sony können mit einem HMD für ab 239,00 Euro ihr Wohnzimmer zum VR-Spielfeld umfunktionieren. Die Kunden von Sonys PlayStation 4 stellen eine große potentielle Käufergruppe von VR-Systemen dar.

Auch Microsoft hat nun ebenfalls für eine Version der Xbox One Mixed Reality Content für das Jahr 2018 angekündigt. Derzeitig ist noch unklar wobei es sich bezüglich der Inhalte genau handeln wird, Experten vermuten diesbezüglich aber eine noch intensivere Zusammenarbeit mit dem Facebook-Tochterunternehmen Oculus VR. Aber es bleibt abzuwarten, ob es tatsächlich dazu kommen oder Microsoft ganz eigene Wege im Bereich VR und MR gehen wird.[71]

Es ist also anzunehmen, dass Virtual Reality, Augmented Reality und Mixed Reality Content großen Einfluss auf den digitalen Spielemarkt haben werden und voraussichtlich das Erlebnis des E-Gamings langfristig verändern werden.

Es bedarf eventuell aber noch ein wenig mehr Zeit, als die Zahlen der Analysten auf den ersten Blick offenbaren. Als Beispiel ist ein Marktbericht von Digi-Capital zu nennen. Laut dem Bericht sollte der Markt für Virtual Reality und Augmented Reality bis zum Jahr 2020 bereits einen Umsatz von 120 Milliarden US-Dollar erwirtschaften. Zuletzt wurde diese Prognose nun aber auf 108 Milliarden US-Dollar bis zum Jahr 2021 gesenkt.[72] [73]

---

71 Langley, Hugh (2017): „Xbox One Mixed Reality headset: Everything we know about the VR system", unter: https://www.wareable.com/microsoft/xbox-one-mixed-reality-vr-headset-2017 (aufgerufen am: 26.05.2017)

72 Merel, Tim (2016): „Augmented/Virtual Reality revenue forecast revised to hit $120 billion by 2020", unter: http://www.digi-capital.com/news/2016/01/augmentedvirtual-reality-revenue-forecast-revised-to-hit-120-billion-by-2020/#.WMbN1BI1-EI (aufgerufen am: 26.05.2017)

Dennoch lässt alles darauf schließen, dass in den Bereichen Gaming, Architektur, Touristik-Marketing und vor allem Entertainment Virtual Reality ein sehr großes Marktpotential aufweist, aber voraussichtlich Augmented Reality die bestimmende Technologie als Alltagsbegleiter und Helfer im Berufsleben der Menschen werden wird.

Der Grad der Immersion im Zusammenhang mit der VR-Technologie wird in den nächsten Jahren noch gesteigert und intensiviert, aber eine nahezu *hundertprozentige* Immersion, wenn diese überhaupt angestrebt wird, kann vermutlich nach Einschätzung der aktuellen technologischen Lage auch erst in ein paar Jahrzehnten erreicht werden.

Durch die Weiterentwicklung der beschriebenen Technologien wird es zukünftig zu einer noch *perfekteren* Vermischung von Realität und virtueller Welt bei den Rezipienten der entsprechenden VR-Medieninhalte kommen. Da ab einem gewissen Grad an Immersion Fiktion und Wirklichkeit nur noch schwer voneinander zu unterscheiden sein werden, sollten die damit verbundenen möglichen Auswirkungen auf die soziale und psychologische Entwicklung der Nutzer genau beobachtet und erforscht werden.

Durch das Voranschreiten der technologischen Entwicklung und der immer besser werdenden Peripheriegeräte, wie beispielsweise den Oculus Gloves oder den Manus VR Gloves, beides Handschuhe mit Bewegungserfassung für die exakte digitale Verarbeitung von Gesten, Finger- und Handbewegungen, kommt es zu einer noch stärkeren Immersion und somit auch zu einem Erlebnis, welches zukünftig der Wirklichkeit in einem hohen Maß überaus ähnlich werden wird.[74]

---

73 Bastian, Matthias (2017): „Virtual-Reality-Investor: Die Zahlen von Analysten sind Bullshit", unter: https://vrodo.de/virtual-reality-investor-die-zahlen-von-analysten-sind-bullshit/ (aufgerufen am: 26.05.2017)

74 Steinlechner, Peter (2017): „Virtual Reality: Oculus forscht an VR-Handschuhen", unter: https://www.golem.de/news/virtual-reality-

Bis auf Ausnahmen wie die neue Oculus Go oder die Cardboard-Varianten, die mit dem Smartphone betrieben werden, sind die High-End-VR-Systeme ohne weiteres Zubehör grundsätzlich kabelgebunden. Das Kabel stört leider oft bei raumfüllenden Anwendungen mit hohem Bewegungsgrad. Umso actionreicher eine Anwendung oder ein Spiel gestaltet ist, desto störender ist das Kabel für den Nutzer. Die, von verschiedenen Anbietern bereits angekündigten, kabellosen Erweiterungen für die HMDs versprechen aber eine Lösung des Problems und werden mit Sicherheit zu einem noch natürlicheren Gefühl in der virtuellen Realität führen. Erste Produkte von Drittanbietern sind bereits verfügbar.[75]

Virtual-Reality-Anwendungen zum Abspielen von beispielsweise Let's-Play-Videos, Live-Spielübertragungen oder zur Wiedergabe von Filmen, überzeugen noch nicht vollständig, da die Darstellung über das HMD kaum einen Unterschied zu herkömmlichen Bildschirmen aufweist und somit auch kaum einen Mehrwert bietet.

Für Bildungszwecke bieten Virtual Reality und Augmented Reality großartige Möglichkeiten. Beispiele sind, ein begehbares Sonnensystem, eine anatomische Darstellung des menschlichen Körpers und die Simulation verschiedener praktischer Tätigkeiten, beispielsweise von zu erlernenden Arbeitsabläufen.

Für den Journalismus bietet Virtual Reality ebenfalls neue Möglichkeiten. Zu nennen ist unter anderem die Darstellungsform Reportage. Hier ist es dem Rezipienten möglich, sich anhand von 360-Grad-Videoinhalten mitten in der Situation beziehungsweise am Ort der Handlung wiederzufinden. Die Blickrichtung und Perspektive auf ein Ereignis kann vom Rezipienten selbstständig gewählt werden wie es in einer realen Lebenssituation auch möglich ist.

---

oculus-forscht-an-vr-handschuhen-1702-126115.html (aufgerufen am: 26.05.2017)

75 Scalable Graphics (2017): „KwikVR frees your VR gaming experience from the constraints of tethers", unter: http://kwikvr.com/ (aufgerufen am: 26.05.2017)

Zurzeit sind verschiedene Projekte großer Tageszeitungen und bekannter Medienunternehmen angelaufen. Als ein Beispiel ist die SZ VR-Anwendung der Süddeutschen Zeitung zu nennen.

Diese Anwendung bietet, dem Leser beziehungsweise dem Nutzer, journalistische Inhalte und ein breites Spektrum an Informationen die mithilfe der Virtual-Reality-Technologie rezipiert werden können.

Die soziale Akzeptanz betreffend VR, AR beziehungsweise MR wird eine große Rolle spielen, wenn diese Technologien am Markt erfolgreich sein sollen.

Auch sollte der Datenschutz bei der Verwendung der Virtual-Reality-Systeme in allen Anwendungsbereichen Beobachtung und einen zentralen Punkt in der Diskussion bezüglich der Technologie einnehmen.

Inwieweit das Virtual-Reality-System Daten über den Nutzer sammelt, lässt sich mithilfe der Datenschutzrichtlinien der jeweiligen Hersteller erfahren. Persönliche Angaben die E-Mail-Adresse, die Kontoinformationen und das Geburtsdatum erscheinen hierbei im Vergleich zu anderen digitalen Anwendungen gar nicht ungewöhnlich. In der Regel werden aber auch detaillierte Informationen zum Standort, Körperbewegungen, Körpermaße und Informationen zu den genutzten Inhalten an den Anbieter übertragen, was im Gesamten eine neue Qualität des Datensammelns darstellt.

Ohne Einwilligung der Datenschutzrichtlinien lassen sich die Systeme *selbstverständlich* nicht verwenden. Jeder Nutzer sollte daher genau prüfen, ob diese auch mit seiner Einstellung zum Datenschutz konform gehen und er sich wirklich zur Datenweitergabe bereit erklären möchte. Anschließend kann der Nutzer dann nur noch darauf hoffen, dass verantwortungsbewusst mit den persönlichen Daten umgegangen wird.

Im Vergleich zu Virtual Reality wird Augmented Reality wahrscheinlich ein größeres Potential in den Wirtschaftszweigen der Industrie und Technik bieten.

Die beeindruckende AR-Hardware von Microsoft mit dem Namen HoloLens (in der Development Edition, eine vergünstige Entwickler-Version) kostet beispielsweise im Microsoft Onlineshop aktuell noch 3299,00 Euro.[76]

Daher werden hochqualitative AR-Erlebnisse (mithilfe von HMDs) im großen Umfang wohl vorerst noch keinen Einzug in den alltäglichen Gebrauch im Zusammenhang mit dem Home Entertainment und E-Gaming finden und waren daher auch nicht einer der Schwerpunkte dieser Arbeit. Wenn es dann aber zukünftig soweit sein wird, kann die Augmented Reality hingegen Verwendung im Bereich der erweiterten Realitätswahrnehmung finden und auch über die Nutzung von AR-Smartphone-Anwendungen hinaus einen umfangreichen Einzug in den weltweiten Medienmarkt halten.

Virtual Reality hat allem Anschein nach (zumindest vorerst) das größere Potential im Bereich des E-Gamings und des Entertainments. Angefangen beim E-Gaming über eine neue Art des Fernsehens bis hin zu sozialen Netzwerken. Facebook Spaces zeigt bereits heute, dass soziale Netzwerke zukünftig in einer vollständig virtuellen Umgebung dargestellt werden können.

Kürzlich wurde auf der Facebook-Entwicklerkonferenz F8 die Oculus Go vorgestellt. Das Unternehmen geht damit einen weiteren Schritt in Richtung Virtual Reality und steigert die Usability seines neuen Head-Mounted Displays enorm. Vermutlich möchte das Unternehmen mit der Oculus Go eine möglichst große Nutzergruppe von der Attraktivität und Einsteigerfreundlichkeit der Hardware überzeugen.

---

76 Microsoft Corp. (2016): „Microsoft Store: HoloLens Development Edition", unter: https://www.microsoftstore.com/store/msde/de_DE/pdp/Microsoft-HoloLens-Development-Edition/productID.5073602500 (aufgerufen am: 26.05.2017)

Das HMD kommt dabei ganz ohne Kabel, Heimcomputer und Smartphone als Display aus. Der Preis des Gerätes bewegt sich zwischen 219,00 und 269,00 Euro, je nach der Größe des verbauten internen Speicherplatzes. Die Oculus Go wird für Interessierte ab Anfang Mai 2018 auch in Deutschland erhältlich sein.[77]

Auch das Unternehmen HTC hat eine neue Version der Vive vorgestellt. Das verbesserte Head-Mounted Display, das sich Vive Pro nennt, bietet eine höhere Auflösung, einen erweiterten Erfassungsbereich für die Spieler, eine verbesserte Tonausgabe sowie eine verbesserte Ergonomie gegenüber des Vorgängermodells. Der Preis für das momentan *beste* Virtual-Reality-System schlägt aktuell noch mit 879,00 Euro zu buche und eignet sich leider vor allem nur für Nutzer, die bereits eine HTC Vive besitzen, da bei einem Kauf der HTC Vive Pro weder die Eingabegeräte für die Gestensteuerung, die Basisstationen zur Körpererfassung, noch der Vive Wireless-Adapter enthalten sind. HTC bietet dem Kaufinteressenten aber auch das Vive Pro *Fullkit* mit der vollständigen Hardware-Ausstattung für einen Preis von 1399,00 Euro an.[78]

Und auch Microsoft bietet mittlerweile für verschiedene Geräte der Hersteller Acer, Asus, Dell, HP, Lenovo und Medion Virtual Reality Software an. Die Besonderheit der unterschiedlichen Hardware ist unter anderem ein Schwerpunkt auf Mixed-Realty-Anwendungen und der relativ geringe Preis der HMDs (inklusive Eingabegeräte und Zubehör) der sich aktuell zwischen 449,00 und 505,00 Euro bewegt.

Ob die Hardware von HTC, Oculus VR, Microsoft, Sony oder einem anderen Hersteller stammt, deutlich erkennbar ist, dass die neuen Systeme mit ihrer Ausstattung einen weiteren Schritt in Richtung des hochqualitativen Virtual Reality Gamings gehen.

---

77 Oculus VR, LLC. (2018): „Oculus Store: Oculus Go“, unter: https://www.oculus.com/go/ (aufgerufen am: 03.05.2018)

78 HTC Corp. (2018): „HTC Store: Vive Pro“, unter: https://www.vive.com/de/product/vive-pro/ (aufgerufen am: 03.05.2018)

Die Intensität der Immersion der virtuellen Inhalte zeigen eine entsprechende Weiterentwicklung gegenüber der sich bereits seit Jahren auf dem Markt befindenden VR-Systeme.

Die Virtual-Reality-Technologie ist bald an dem Punkt angelangt, eine noch professionellere Verwendung in der Medizin, im Sport bis hin zum Militär- und Logistikmanagement zu finden. Dennoch könnte dies vielleicht eine Weile länger dauern, als viele der Analysten noch vor kurzer Zeit prognostizierten. Doch sicher ist, dass Virtual Reality verspricht den Erlebnisfaktor verschiedener Anwendungen und Spiele immens zu steigern und somit auf lange Sicht unsere Freizeitgestaltung und infolgedessen unsere digitalisierte Gesellschaft langfristig zumindest teilweise zu ändern.

Mark Zuckerberg wird daher mit seiner Prognose „VR is going to need 10 years to become a very mainstream big thing“ grundsätzlich richtig liegen und Virtual Reality im Zusammenhang mit Informations-, Kommunikations- und Unterhaltungs-Technologien zur beachtlichen Thematik.[79]

In naher Zukunft werden die in dieser Arbeit beschriebenen Technologien, besonders die Virtual-Reality-Technologie, allmählich die Lebensbereiche der Menschen erfassen und somit unser Leben und vor allem auch das E-Gaming nachhaltig verändern.

---

79 Smith, Dave (2016): „Mark Zuckerberg just gave the world his vision for the future of VR“, unter: http://www.businessinsider.com/mark-zuckerberg-on-virtual-reality-2016-2?IR=T (aufgerufen am: 19.05.2017)

Abkürzungsverzeichnis

AR	Augmented Reality (Erweiterte Realität)
AT	Austria (engl. für Republik Österreich)
CAD	Computer-Aided Design (rechnerunterstütztes Konstruieren)
DPI	Dots Per Inch (Maßangabe für die Auflösung)
GER	Germany (engl. für Deutschland)
GIF	Graphics Interchange Format (genutzt für bewegliche Grafiken)
HD	High Definition (hochauflösend)
HMD	Head-Mounted Display (Virtual-Reality-Brille)
Hz	Hertz (Anzahl sich wiederholender Vorgänge pro Sekunde)
MR	Mixed Reality (engl. für ver- bzw. gemischte Realität)
OLED	Organic Light Emitting Diode (Displaytechnik für Bildschirme)
PPI	Pixel Per Inch (Maßeinheit der Punktdichte bei Anzeigegeräten)
PSN	PlayStation Network (Sonys Online-Community und Webshop)
UK	United Kingdom (engl. für Vereinigtes Königreich Großbritannien)
USA	United States of America (engl. für Vereinigte Staaten von Amerika)
USK	Unterhaltungssoftware Selbstkontrolle (Zuständig für die Altersfreigabe von Videospielen)
VR	Virtual Reality (engl. für Virtuelle Realität)

Abbildungsverzeichnis

Tabellenverzeichnis

Literatur- und Online-Quellenverzeichnis

Bastian, Matthias (31.01.2017): „Virtual und Augmented Reality: Investitionen auf Rekordniveau in 2016", unter: https://vrodo.de/virtual-und-augmented-reality-investitionen-auf-rekordniveau-in-2016/ (aufgerufen am: 20.05.2017)

Bastian, Matthias (13.03.2017): „Virtual-Reality-Investor: "Die Zahlen von Analysten sind Bullshit"", unter: https://vrodo.de/virtual-reality-investor-die-zahlen-von-analysten-sind-bullshit/ (aufgerufen am: 26.05.2017)

Biederbeck, Max (06.06.2016): „Virtual Psychology: Was in unserem Kopf passiert, wenn wir VR erleben", unter: https://www.wired.de/collection/science/wie-sich-eine-reise-die-virtual-reality-auf-unsere-psyche-auswirkt (aufgerufen am: 20.05.2017)

Biermann, Kai (19.09.2013): „Grand Theft Auto V spielt 800 Millionen Dollar ein", unter: http://www.zeit.de/digital/games/2013-09/grand-theft-auto-v-einnahmen (aufgerufen am: 24.05.2017)

bildungsklick.de (25.01.2006): „Virtual Reality im Lufthansa Flight Training: Fraunhofer-Technologie für die Pilotenausbildung", unter: https://bildungsklick.de/bundeslaender/meldung/virtual-reality-im-lufthansa-flight-training-fraunhofer-technologie-fuer-die-pilotenausbildung/ (aufgerufen am: 23.05.2017)

Bitkom e. V. (18.12.2014): „Jung und vernetzt: Kinder und Jugendliche in der digitalen Gesellschaft", unter: https://www.bitkom.org/Bitkom/Publikationen/Jung-und-vernetzt-Kinder-und-Jugendliche-in-der-digitalen-Gesellschaft.html (aufgerufen am: 20.05.2017)

Bitkom e. V. (29.07.2015): „Gaming hat sich in allen Altersgruppen etabliert“, unter: https://www.bitkom.org/Presse/Presseinformation/Gaming-hat-sich-in-allen-Altersgruppen-etabliert.html (aufgerufen am: 20.05.2017)

Bitkom Research GmbH (2016): „Research Spotlight 2016-04“, unter: https://www.bitkom-research.de/Presse/Spotlight/Research-Spotlight-2016-04-Virtual-Reality (aufgerufen am: 16.04.2018)

Bitkom Research GmbH (06.10.2017): „Repräsentative Umfrage zum Interesse an Virtual Reality“„ unter: https://www.bitkom.org/Presse/Presseinformation/Jeder-fuenfte-Deutsche-hat-schon-eine-Virtual-Reality-Brille-benutzt.html (aufgerufen am: 16.04.2018)

Bloch, Yigal (06.04.2016): „Oculus Datenschutzerklärung – Sorgen um Datenschutz“, unter: http://www.vrnerds.de/oculus-datenschutzerklaerung-sorgen-um-datenschutz/ (aufgerufen am: 23.05.2017)

Bruns, Matthias (2015): „Virtual Reality: Eine Analyse der Schlüsseltechnologie aus der Perspektive des strategischen Managements“, Diplomica Verlag GmbH, Hamburg, S. 13; S.17.

Bymer, Loren (01.08.2012): „Virtual reality used to train Soldiers in new training simulator“, unter: https://www.army.mil/article/84453 (aufgerufen am: 23.05.2017)

Caracciolo, Luca (03.09.2016): „Was wir vom Urvater der virtuellen Realität lernen können“, unter: http://t3n.de/news/groesste-vr-brille-welt-741784/ (aufgerufen am: 21.05.2017)

Danneberg, Benjamin (20.02.2017): „Motion Sickness in VR: Wie es entsteht und was ihr dagegen tun könnt“, unter: https://vr-world.com/was-tun-bei-motion-sickness-in-vr/ (aufgerufen am: 21.05.2017)

Die Bundesbeauftragte für den Datenschutz und die Informationsfreiheit (01.12.2016): „Bundesdatenschutzgesetz (20. Auflage) ", unter: https://www.bfdi.bund.de/SharedDocs/Publikationen/Infobroschueren/INFO1.pdf?__blob=publicationFile&v=16 (aufgerufen am: 22.05.2017)

Dörner, Ralf; Wolfgang Broll; Paul Grimm; Bernhard Jung (Hrsg.) (2013): „Virtual und Augmented Reality (VR/AR): Grundlagen und Methoden der Virtuellen und Augmentierten Realität", Verlag: Springer Vieweg, Springer-Verlag Berlin Heidelberg, S. 2-5; S. 241-242.

Europäisches Parlament (04.05.2016): „Text der zukünftigen EU-Datenschutz-Grundverordnung", unter: https://dsgvo-gesetz.de/ (aufgerufen am: 22.05.2017)

Facebook Inc. Newsroom (18.04.2017): „Facebook Spaces: A New Way To Connect With Friends In VR", unter: https://newsroom.fb.com/news/2017/04/facebook-spaces/ (aufgerufen am: 23.05.2017)

Feltham, Jamie (04.06.2015): „Oculus CEO Explains 13+ Age Limit, 'Definitely' Wants VR For Kids", unter: www.vrfocus.com/2015/06/oculus-rift-age-limit/ (aufgerufen am: 23.05.2017)

Fenlon, Wesley (03.04.2013): „The Promise and Challenges of Head-Mounted Virtual Reality Displays", unter: http://www.tested.com/tech/gaming/454559-valves-michael-abrash-promise-and-challenges-vr/ (aufgerufen am: 22.05.2017)

Fischrach, Tima (08.03.2016): „PlayStation VR Altersbeschränkung nun bekannt", unter: http://ps-vr-brille.de/news/playstation-vr-alterbeschraenkung (aufgerufen am: 23.05.2017)

Flückiger, Barbara (25.06.2012): „Definition: Motion Capture", unter: http://filmlexikon.uni-kiel.de/index.php?action=lexikon&tag=det&id=742 (aufgerufen am: 20.05.2017)

Friedrich, Torben (28.03.2016): „Virtual Reality: In der Medizin bald nicht mehr wegzudenken", unter: http://t3n.de/news/virtual-reality-medizin-bald-691207/ (aufgerufen am: 23.05.2017)

Furht, Boko (2008): „Encyclopedia of Multimedia", unter: https://link.springer.com/referenceworkentry/10.1007%2F978-0-387-78414-4_85 (aufgerufen am: 20.05.2017)

game – Verband der deutschen Games-Branche e.V. (2017): „Gesamtmarkt Digitale Spiele 2017", unter: https://www.game.de/marktdaten/gesamtmarkt-digitale-spiele-2017/ (aufgerufen am: 03.05.2018)

Girlich, Jan (15.05.2017) Experten-Interview mit dem Pressesprecher des Chaos Computer Club e. V.: „Computersicherheit im Zusammenhang mit der VR-Technologie", Skript des Interviews befindet sich im Anhang dieser Arbeit (geführt von Engelmann, Nikolayi; am: 15.05.2017)

Google Inc. (14.03.2016): „Finde die passende VR-Brille für dich", unter: https://vr.google.com/intl/de_de/cardboard/get-cardboard/ (aufgerufen am: 21.05.2017)

Google Inc. Expeditions (03.05.2017): „Bring Your Lessons To Life", unter: https://edu.google.com/expeditions/#about (aufgerufen am: 23.05.2017)

Gössling, Jonas (19.04.2016): „Brauchen wir neue Jugendschutz-Kategorien für VR-Spiele?", unter: http://de.ign.com/vr/113032/editorial/kolumne-brauchen-wir-neue-jugendschutz-kategorien-fur-vr-spi (aufgerufen am: 23.05.2017)

Goto, Lindsay (24.06.2015): „6 Ways to deal with Simulation Sickness while Gamming“, unter: https://femhype.com/2015/06/24/6-ways-to-deal-with-simulation-sickness-while-gaming/ (aufgerufen am: 22.05.2017)

Greenham, Aleck (15.05.2017): „The latest and greatest virtual reality content for your device“, unter: https://www.wearvr.com/browse/popular?gclid=CK7lm9Ll q9MCFULjGwodTHMKFA (aufgerufen am: 25.05.2017)

Grohganz, Christian (12.03.2017): „Virtual-Reality-Unternehmen nehmen deutlich zu“, unter: http://www.vrnerds.de/virtual-reality-unternehmen-nehmen-zu/ (aufgerufen am: 26.05.2017)

Heilig, Peter (10.02.2017): „Office-Eye-Syndrom“, unter: http://ub.meduniwien.ac.at/blog/?p=27043 (aufgerufen am: 21.05.2017)

Hein, David (29.07.2016): „Süddeutsche Zeitung startet Virtual-Reality-Reportagen“, unter: http://www.horizont.net/medien/nachrichten/Zu-den-Olympischen-Spielen-Sueddeutsche-Zeitung-startet-Virtual-Reality-Reportagen-141749 (aufgerufen am: 24.05.2017)

Herrmann, Beatrice; Timm Lutter (11.08.2016): „Von Mobile Gaming bis Virtual Reality: Die Gaming-Trends 2016“, unter: https://www.bitkom.org/Presse/Presseinformation/Von-Mobile-Gaming-bis-Virtual-Reality-Die-Gaming-Trends-2016.html (aufgerufen am: 25.05.2017)

Hertel, Yannic (09.12.2016): „Journalismus mit Virtual Reality“, unter: http://www.vrnerds.de/journalismus-in-virtual-reality/ (aufgerufen am: 24.05.2017)

HTC America Inc. (29.09.2014): „Datenschutzbestimmungen HTC“, unter: https://www.htc.com/de/terms/privacy/ (aufgerufen am: 22.05.2017)

HTC Corp. (2018): „HTC Store: Vive Pro“, unter: https://www.vive.com/de/product/vive-pro/ (aufgerufen am: 03.05.2018)

Huthmann, Magda (21.09.2016): „Begleitendes 360°-Online-Angebot und VR-App“, unter: http://www.presseportal.de/pm/7840/3436033 (aufgerufen am: 24.05.2017)

Ilg, Peter (24.01.2017): „Vorsprung durch Virtual Reality“, unter: http://www.zeit.de/mobilitaet/2017-01/audi-virtual-reality-autohaus-vertrieb-verkaufsprozess (aufgerufen am: 24.05.2017)

Journal of Ophthalmology (08.05.2004): „Informationen zu Keratoconjunctivitis sicca“, unter: https://www.ncbi.nlm.nih.gov/pmc/articles/PMC1772141/ (aufgerufen am: 21.05.2017)

Kahl, Julius (04.02.2017): „Xbox One Scorpio kommt definitiv mit VR-Unterstützung“, unter: http://www.pcgameshardware.de/Xbox-One-Project-Scorpio-Konsolen-264559/News/Kommt-mit-VR-Support-1219468/ (aufgerufen am: 24.05.2017)

Kasper, Anja (13.01.2017): „Virtual Reality und Augmented Reality – Wieso, Weshalb, Warum?! “, unter: http://www.brand-l.net/blog/2017/01/13/virtual-reality-und-augmented-reality-wieso-weshalb-warum/ (aufgerufen am: 21.05.2017)

Kemp, Stephan (24.04.2017): „100 Millionen Mitglieder und Netflix-Chef Reed Hastings feiert allein“, unter: http://de.ubergizmo.com/2017/04/24/100-millionen-mitlieder-und-netflix-chef-reed-hastings-feiert-allein.html (aufgerufen am: 25.05.2017)

Kerkhoff, Kristian; Alexander El-Meligi (08.11.2016): „IKEA Virtual Reality Showroom“, unter: www.demodern.de/projekte/ikea-vr-showroom (aufgerufen am: 25.05.2017)

Kneussel, Johannes (22.02.2016): „HTC Vive: Release-Datum und Preis - Wann erscheint die VR-Brille und was wird sie kosten?", unter: http://www.giga.de/zubehoer/htc-vive/specials/htc-vive-preis-kosten-release/ (aufgerufen am: 25.05.2017)

Kuntz, Michael (21.06.2016): „Tourismus: Virtual-Reality-Brillen und Life-Chat", unter: http://www.sueddeutsche.de/reise/tourismus-der-smombie-macht-urlaub-1.3042566-2 (aufgerufen am: 24.05.2017)

Langley, Hugh (03.03.2017): „Xbox One Mixed Reality headset: Everything we know about the VR system", unter: https://www.wareable.com/microsoft/xbox-one-mixed-reality-vr-headset-2017 (aufgerufen am: 26.05.2017)

Lawrie, Graeme (23.01.2017): „How our school is using Virtual Reality to prepare pupils for a future dominated by technology", unter: http://www.telegraph.co.uk/education/2017/01/23/school-using-virtual-reality-prepare-pupils-future-dominated/ (aufgerufen am: 23.05.2017)

Lipinski, Klaus (03.02.2015): „Definition: Virtual Reality", unter: http://www.itwissen.info/Virtuelle-Realitaet-virtual-reality-VR.html (aufgerufen am: 20.05.2017)

Lubbadeh, Jens (27.05.2016): „Gefährdet die virtuelle Welt unsere Augen?", unter: http://www.spiegel.de/gesundheit/diagnose/virtual-reality-was-macht-die-virtuelle-welt-mit-unseren-augen-a-1093908.html (aufgerufen am: 21.05.2017)

Madary, Michael; Thomas K. Metzinger Johannes Gutenberg-Universität Mainz (19.02.2016): „Real Virtuality: A Code of Ethical Conduct. Recommendations for Good Scientific Practice and the Consumers of VR-Technology", unter: http://journal.frontiersin.org/article/10.3389/frobt.2016.00003/full (aufgerufen am: 22.05.2017)

Merel, Tim (28.01.2016): „Augmented/Virtual Reality revenue forecast revised to hit $120 billion by 2020", unter: http://www.digi-capital.com/news/2016/01/augmentedvirtual-reality-revenue-forecast-revised-to-hit-120-billion-by-2020/#.WMbN1BI1-EI (aufgerufen am: 26.05.2017)

Microsoft Corporation (30.11.2016): „Microsoft Store: HoloLens Development Edition", unter: https://www.microsoftstore.com/store/msde/de_DE/pdp/Microsoft-HoloLens-Development-Edition/productID.5073602500 (aufgerufen am: 26.05.2017)

Müller, Ruben Artus (01.06.2017): „Virtual Reality in der Architektur: ein unvergleichlicher Vorteil", unter: https://vrjump.de/architektur (aufgerufen am: 02.06.2017)

Oculus VR, LLC. (2018): „Oculus Store: Oculus Go", unter: https://www.oculus.com/go/ (aufgerufen am: 03.05.2018)

Orsini, Lauren (28.03.2014): „Definition: Simulator Sickness", unter: http://www.businessinsider.com/oculus-and-simulator-sickness-problem-2014-3?IR=T (aufgerufen am: 21.05.2017)

Patalong, Frank (29.03.2010): „3-D-KinoNicht schlecht - nur wird mir schlecht!", unter: http://www.spiegel.de/netzwelt/gadgets/3-d-kino-nicht-schlecht-nur-wird-mir-schlecht-a-686141.html (aufgerufen am: 22.05.2017)

PC Games (21.07.2016): „Nintendos größter Flop: der Virtual Boy", unter: http://www.pcgameshardware.de/Retrospektive-Thema-214694/News/Nintendos-groesster-Flop-der-Virtual-Boy-Halo-auf-der-MacWorld-PCGH-Retro-21-Juli-652474/ (aufgerufen am: 21.05.2017)

PricewaterhouseCoopers Aktiengesellschaft Wirtschaftsprüfungsgesellschaft (01.08.2016): „Digital Trend Outlook 2016: Virtual Reality: Der Durchbruch für den Gaming-Markt", unter: http://www.pwc.de/de/technologie-medien-und-telekommunikation/virtual-reality-der-durchbruch-fuer-den-gaming-markt.html (aufgerufen am: 25.05.2017)

PricewaterhouseCoopers Aktiengesellschaft Wirtschaftsprüfungsgesellschaft (01.08.2017): „Digital Trend Outlook 2016 – Virtual Reality: Nimmt der Gaming-Markt eine Pionier-Rolle ein?", unter: https://www.pwcwissen.de/pwc/de/shop/publikationen/Digital+Trend+Outlook+2016/?card=19916 (aufgerufen am: 25.05.2017)

Schenkel, Renatus (2015): Gespräch zu dieser Arbeit im April 2018; im Detail vgl.: „Fankultur im Zeitalter der Medien"; Wendt, Peter-Ulrich/Roggenthin,Stefan/Schenkel, Renatus/Simon, Titus/Thomas, Michael (Hrsg.): Fußball global: Ein Spiel dauert länger als 90 Minuten, Halle 2015, 101-110; unter Bezug auf Erkenntnisse der Kritischen Psychologie 2015, 101-104 und allg. 1988, S. 57 ff.

Roat, Melvin I. (01.03.2017): „Definition: Keratoconjunctivitis sicca", unter: http://www.msdmanuals.com/de-de/profi/augenkrankheiten/hornhauterkrankungen/keratoconjunctivitis-sicca (aufgerufen am: 21.05.2017)

Rossow, Hannes (02.02.2017): „Nintendo Switch – VR-Unterstützung möglich, wenn es bequem genug ist", unter: http://www.gamepro.de/artikel/nintendo-switch-vr-unterstuetzung-moeglich-wenn-es-bequem-genug-ist,3309030.html (aufgerufen am: 24.05.2017)

Rouse, Margaret (17.03.2017): „Definition: Gaming", unter: http://whatis.techtarget.com/definition/gaming (aufgerufen am: 20.05.2017)

Scalable Graphics (08.01.2017): „KwikVR frees your VR gaming experience from the constraints of tethers", unter: http://kwikvr.com (aufgerufen am: 26.05.2017)

Schonschek, Oliver (13.06.2016): „Datenschutz-Folgenabschätzung: Virtual Reality", unter: https://www.datenschutz-praxis.de/fachartikel/datenschutz-virtual-reality/ (aufgerufen am: 23.05.2017)

Schönung, Manuel (15.03.2017): „ARTE360 VR - die App", unter: http://sites.arte.tv/360/de/arte360-vr-die-app-360 (aufgerufen am: 24.05.2017)

Schröder, Patrick (20.05.2017): „VR-Brillen: Warum sie bei vielen Menschen Seekrankheit auslösen", unter: http://www.ingenieur.de/Themen/Smartphones-Tablets-Co/VR-Brillen-Warum-vielen-Menschen-Seekrankheit-ausloesen (aufgerufen am: 24.05.2017)

Smith, Dave (25.02.2016): „Mark Zuckerberg just gave the world his vision for the future of VR", unter: http://www.businessinsider.com/mark-zuckerberg-on-virtual-reality-2016-2?IR=T (aufgerufen am: 19.05.2017)

Steinlechner, Peter (16.12.2016): „Nintendos Switch möglicherweise auch VR-kompatibel", unter: https://www.golem.de/news/patentantrag-nintendos-switch-moeglicherweise-auch-vr-kompatibel-1612-125116.html (aufgerufen am: 24.05.2017)

Steinlechner, Peter (10.02.2017): „Virtual Reality:Oculus forscht an VR-Handschuhen“, unter: https://www.golem.de/news/virtual-reality-oculus-forscht-an-vr-handschuhen-1702-126115.html (aufgerufen am: 26.05.2017)

VRBrillen.net (01.11.2016): „VR-Brillen-Vergleich“, unter: http://www.vrbrillen.net (aufgerufen am: 21.05.2017)

Weber, Christian (05.02.2017): „Langzeitstudien zu den Nebenwirkungen von VR-Aufenthalten sind überfällig“, unter: http://www.sueddeutsche.de/wissen/virtual-reality-ich-war-so-erschoepft-wie-nach-einem-langstreckenflug-1.3361858 (aufgerufen am: 22.05.2017)

Weber, Mike (25.07.2016): „Mensch-Maschine-Interaktion“, unter: http://www.oeffentliche-it.de/-/mensch-maschine-interaktion (aufgerufen am: 20.05.2017)

Wellbrock, Bianca (06.07.2016): „Virtual Reality und Augmented Reality: Unterschiede und Gemeinsamkeiten“, unter: https://blog.conrad.at/virtual-reality-und-augmented-reality-unterschiede-und-gemeinsamkeiten/ (aufgerufen am: 21.05.2017)

Wöbbeking, Jan (21.07.2016): „Das Massenphänomen unter der Lupe“, unter: http://www.4players.de/4players.php/spielinfo/Allgemein/37089/Pokemon_GO.html (aufgerufen am: 20.05.2017)

YouVisit LLC (Internetauftritt) (29.11.2016): „Engage The World With Interactive Virtual Experiences“. unter: https://www.youvisit.com/?nabe=5125158063046656:1 (aufgerufen am: 24.05.2017)

Anlagenverzeichnis

Einführung: Experteninterviews

Die Experteninterviews dienen zur Erfassung subjektiver Einschätzungen und Deutungsmuster sowie Handlungsorientierungen unter Berücksichtigung der situationsspezifischen Kontextbedingungen sowie zur Ermittlung der individuellen Perspektiven der Teilnehmer. Es soll dabei spezifisches und konzentriertes Wissen ausgewählter Personen zu einem eingegrenzten Themenbereich abfragen und zudem sollen die erfassten Informationen zur Einschätzung und Schlussfolgerung dieser Arbeit dienen.

Die ausgewählten Experten sind sachkundige Personen, die als Akteure des Untersuchungsfeldes über spezifisches Erfahrungswissen verfügen. Sie repräsentieren in der Regel bestimmte Organisationen oder Institutionen und verfügen über internes Betriebswissen bezogen auf Virtual Reality, dem E-Games-Markt oder dem Datenschutz im Zusammenhang mit der VR-Technologie.

Von mir wurden insgesamt 31 Interviewanfragen bezüglich Virtual Reality an alle wichtigen Akteure der Branche gestellt, aber leider kam es nur zu vergleichsweise wenig Interviews. Dennoch wurden Vertreter der jeweiligen spezifischen Sparten befragt, um dessen Interessen und Perspektiven zu ermitteln.

Die Hauptakteure Microsoft, Sony, Samsung und Oculus VR verwiesen beispielsweise lediglich auf das offizielle Pressematerial, welches für eine ausführlichere Untersuchung und zur Beantwortung komplexerer Fragestellungen nicht dienlich war. Andere Unternehmen bestätigten zwar eine interne Bearbeitung der Angelegenheit Virtual Reality, wollten aber keinerlei detaillierten Informationen preisgeben.

Interviewfragen an Experten der Branche

Derzeit führe ich im Rahmen meiner Bachelorarbeit gemeinsam mit der Hochschule Magdeburg-Stendal eine qualitative Untersuchung durch. Inhalt der Forschung und Forschungsfrage ist unter anderem der Mehrwert gegenüber konventionellen Videospielen und eine Einschätzung zur Perspektive der Virtual-Reality-Technologie im Bereich des digitalen Spiele-, Anwendungs- und Unterhaltungsmarktes.

1. Wie relevant wird Virtual Reality in den nächsten Jahren Ihrer Meinung nach für den Medienmarkt und speziell auch für den Markt der digitalen Spiele werden?

2. Inwieweit stellt Virtual Reality Software einen Mehrwert gegenüber herkömmlichen Anwendungen und Videospielen dar?

3. Wie denken Sie über die Risiken der Technologie, zum Beispiel im Zusammenhang mit dem Datenschutz und der Gesundheit der Nutzer?

4. Wird Virtual Reality in den nächsten Jahren für das Gaming federführend werden und sich letztendlich am Markt der Digital Games durchsetzen?

5. Wie wird Virtual Reality den Alltag der Menschen und die Gesellschaft verändern?

Optionale Fragen:

6. Was sind die größten Hindernisse für einen Massenmarkt von Virtual Reality? Und wie könnten diese Probleme eventuell gelöst werden?

7. Gibt es Ihrerseits noch Anmerkungen zum Thema Virtual Reality die ebenfalls unbedingt erwähnenswert sind und Bestandteil meiner Arbeit werden sollten?

Personenbezogene Kontaktdaten (außer Name und Tätigkeitsschwerpunkt) werden von den Interviewdaten getrennt für Dritte unzugänglich aufbewahrt. Die Verantwortlichen tragen dafür Sorge, dass alle erhobenen Daten streng vertraulich behandelt werden und ausschließlich zum vereinbarten Zweck verwendet werden.

Experteninterview 1

Interviewpartner:

Christian Freitag
Unternehmer und Gründer von: prefrontal cortex GbR

Schwerpunkt:
Entwicklung von Virtual Reality und Augmented Reality Software

Frage 1: Wie relevant wird Virtual Reality in den nächsten Jahren Ihrer Meinung nach für den Medienmarkt und speziell auch für den Markt der digitalen Spiele werden?

Das wird zu einem großen Teil von der Nutzung und Akzeptanz der VR-Brillen abhängen. Im Moment haben wir eine gute Abdeckung von VR-Hardware bei dem Endkunden mit einer breiten Verfügbarkeit sowie verschiedenen Konkurrenzmodellen und einigermaßen angemessenen Preismodellen. Entscheidend wird aber die Frage sein, welche Inhalte wir mit dieser Hardware konsumieren. Wird es Software geben, die so gut ist, dass wir sie alle unbedingt benutzen wollen, und daher unbedingt eine VR-Brille zuhause brauchen? Das Potential dafür ist sicherlich vorhanden, aber im Moment sind VR-Brillen noch nicht wirklich „notwendig" im Alltag. Dazu kommt, dass der Aufwand doch verhältnismäßig hoch ist, um so eine Brille einzurichten und sie „mal eben zwischendurch" zu benutzen. Und so lange das so bleibt, wird VR meiner Meinung nach eine Nische bleiben, die wir benutzen, wenn wir begeistert werden wollen, einen Wow-Effekt haben wollen, und uns dafür auch bewusst die Zeit und den Raum nehmen.

Auch die Industrie und der Business-Sektor, die ja durchaus hilfreich sind, wenn es um Investitionen in neue Technologien geht, scheinen sich in weiten Teilen von VR abzuwenden, und sich eher mit Augmented Reality zu beschäftigen, da in diesem Feld die Abkapselung von der realen Welt nicht so groß ist, und auch hier beeindruckende Hardwarekonzepte bereits auf dem Markt sind (siehe Microsoft HoloLens).

Frage 2: Inwieweit stellt Virtual Reality Software einen Mehrwert gegenüber herkömmlichen Anwendungen und Videospielen dar?

Den Mehrwert kann eigentlich jeder sofort benennen, der es einmal selbst ausprobiert hat. Die Immersion, also das Eintauchen in die virtuelle Welt, ist bei einer VR-Brille um ein vielfaches stärker als bei herkömmlichen Anwendungen. Das ist ein Effekt, den vielleicht nicht jeder erklären kann, den man aber auf jeden Fall fühlt. Das sorgt auch dafür, dass Nutzer aller Altersklassen und mit unterschiedlichem technischen Background bei einem (guten!) VR-Erlebnis einen „Wow-Effekt" erleben.

Ein weiterer Punkt ist die natürlichere Bewegung und Interaktion in VR in Verbindung mit realistischen Größen und Abständen im Raum. Damit hat man nicht nur die Möglichkeit, Spiele überzeugender darzustellen, sondern auch virtuelle Lern- und Schulungsumgebungen zu verbessern. Beispiele dafür sind Simulatoren für Fahranfänger oder Anleitungen im Maschinenbau.

Frage 3: Wie denken Sie über die Risiken der Technologie, zum Beispiel im Zusammenhang mit dem Datenschutz und der Gesundheit der Nutzer?

Wenn es um Datenschutz geht, darf man VR weder stiefmütterlich behandeln, noch vernachlässigen. Stattdessen muss man genau die gleichen Maßstäbe anlegen, wie bei allen anderen Medien auch. Das erfordert natürlich, dass man sich gesellschaftlich weiter intensiv mit diesem Thema beschäftigt, und da auch mit der Zeit und dem technischen Wandel geht.

Anders sieht es beim Thema Gesundheit aus. Da sehe ich vor allem die Entwickler in der Pflicht. Auf der einen Seite die Hardware-

Entwickler, die durch die ständige Forschung und Weiterentwicklung der Technologie dafür Sorge tragen, die Diskrepanz zwischen echter und virtueller Welt verschwinden zu lassen. Grundsätzlich kann man durch feinere Auflösungen und verbessertes Head-Tracking schon einige Probleme beheben, die bei manchen Menschen Schwindelgefühle auslösen. Auf der anderen Seite müssen sich aber auch die Software-Entwickler mit dem neuen Medium beschäftigen und herausfinden, was man dort mit dem Nutzer machen kann und was eben nicht. Zum Beispiel ist es immer schwierig, den Nutzer in der virtuellen Welt automatisch zu bewegen, da das nicht seinem Körperempfinden entspricht. Angemessener ist es oft, den Nutzer zu teleportieren, und dies auch als bewusste Aktion zu kommunizieren. Vergleichbar ist das vielleicht mit der Kameraführung beim Film; auch da haben sich über Jahrzehnte bestimmte Methoden der Bildbewegung etabliert. Das kann aber natürlich für alle Beteiligten (Nutzer sowie Entwickler) nur ein stetiger Lernprozess sein.

Frage 4: Wird Virtual Reality in den nächsten Jahren für das Gaming federführend werden und sich letztendlich am Markt der Digital Games durchsetzen?

Das glaube ich nicht. Im Moment spielen wir hauptsächlich auf den Geräten, die wir sowieso schon für etwas anderes benutzen. Wir spielen auf dem Computerbildschirm, auf dem Fernseher, auf dem Smartphone. Die VR-Brille kommt jetzt als Gerät hinzu, welches (noch) keinen alltäglichen Nutzen hat, sondern für den besonderen Moment genutzt wird. Vergleichbar ist das in dieser Hinsicht vielleicht mit dem Game Boy oder anderen tragbaren Spielkonsolen, deren einziger Zweck das Spielen ist. Diese Geräte haben durchaus eine Relevanz wenn man über digitale Spiele spricht, sie sind in Sachen Verbreitung aber dem Spielen am Computer vermutlich nicht ebenbürtig.

Ein Punkt, der gerade diese Verbreitung der VR-Brillen und die Relevanz auf dem Massenmarkt hemmt, ist das derzeitige Fehlen von (gutem) Content. Wir befinden uns gerade in einer Zeit, in der die erste Reihe von Hardware für den Endkunden realistisch verfügbar ist, es aber an Inhalten fehlt. Als nächstes muss also definiert und entwickelt werden, was wir in den virtuellen Welten erleben wollen. Darauf aufbauend kann dann auch die nächste Hardwaregeneration angepasst werden. In welche Richtung sich das entwickelt, und ob gerade Gaming weiterhin eine zentrale Rolle bei VR spielen wird, werden wir dann mit der Zeit sehen.

Frage 5: Wie wird Virtual Reality den Alltag der Menschen und die Gesellschaft verändern?

Im Worst-Case-Szenario könnte man behaupten, dass sich jeder einzelne zurückzieht und sich mithilfe seiner VR-Brille in virtuelle Welten flüchtet. Dass gemeinsamer Medienkonsum wie zum Beispiel im Kino ausstirbt und jeder allein zuhause mit seiner Brille hockt. Solche Trends konnte ich jedoch bisher nicht beobachten. Ganz im Gegenteil! VR-Spiele machen umso mehr Spaß, wenn viele Leute da sind und das Erlebnis des Einzelnen von außen beobachten oder vielleicht sogar beeinflussen können. Danach wird sich dann abgewechselt und der nächste kann in die virtuelle Welt eintauchen. Es gibt auch erste Experimente mit mehreren Personen als digitalen Avataren innerhalb einer Welt. Der gemeinsame Spaß an der neuen Technologie steht dann im Vordergrund.

Persönlich würde ich mir außerdem wünschen, dass VR in weiten Teilen der Gesellschaft ein Bewusstsein dafür schaffen kann, wie immersiv digitale Spiele sein können, wie sie Geschichten erzählen und Emotionen transportieren können.

Frage 6: Was sind die größten Hindernisse für einen Massenmarkt von Virtual Reality? Und wie könnten diese Probleme eventuell gelöst werden?

Auch hier muss man wieder unterscheiden zwischen der Hardware und der Software. Ganz kritisch kann man sagen: VR-Brillen sind teuer, umständlich einzurichten, auf Dauer unbequem, haben eine für 4k verwöhnte Augen grottenschlechte Auflösung und benötigen neben ausreichend Platz auch einiges an Sachverständnis. Das sind alles Punkte, an denen man in Zukunft schrauben kann. Vielleicht ist es irgendwann ganz normal, dass meine VR-Brille auf dem Couchtisch liegt und ich sie zwischendurch einfach aufsetze, als sei es das natürlichste der Welt.

Auf der anderen Seite brauche ich auch die entsprechenden Anwendungen, die für mich die Nutzung einer VR-Brille notwendig und vor allem sinnvoll machen. Wenn wir jetzt eine Welle von VR-Software entwickeln, ist mit Garantie sehr viel komisches Zeug dabei, aber wir können ausloten, was und wie eine VR-Anwendung sein muss und damit auch konkreten Bezug auf die Weiterentwicklung der Hardware nehmen. Man erinnere sich an die Einführung des Heimcomputers: Schon eher eine exotische Anschaffung, und von vielen Seiten wurde geraunt, dass man so etwas doch nicht brauche und der Trend schnell abebben würde. Heute ist der PC zuhause unverzichtbar. Andere Entwicklungen, an die sich heute nur noch wenige erinnern, hatten vermutlich nicht so viel Glück. Wo sich VR da einordnet, bleibt abzuwarten.

Frage 7: Gibt es Ihrerseits noch Anmerkungen zum Thema Virtual Reality die ebenfalls unbedingt erwähnenswert sind und Bestandteil meiner Arbeit werden sollten?

Ich empfehle, VR nicht allzu theoretisch anzugehen. Man kann viel dazu sagen, und noch viel mehr erdenken, aber nichts davon ersetzt die Erfahrung, es einfach mal probiert zu haben. Das regt auch die Fantasie viel stärker an, was mit dieser Technik alles so möglich ist.

Experteninterview 2

Interviewpartner:

Jan Girlich
Pressesprecher: Chaos Computer Club e. V.

Schwerpunkt:
IT-Sicherheit

Frage 1: Wie relevant wird Virtual Reality in den nächsten Jahren Ihrer Meinung nach für den Medienmarkt und speziell auch für den Markt der digitalen Spiele werden?

Keine Ahnung. Aussagen darüber sind Glaskugelleserei. Die Prognosen gingen ja schon beim ersten VR-Boom voll daneben.

Frage 2: Inwieweit stellt Virtual Reality So wäre einen Mehrwert gegenüber herkömmlichen Anwendungen und Videospielen dar?

Inwieweit stellt ein Messer einen Mehrwert gegenüber einer Kartoffel dar? Ohne konkrete Anwendung, um die es gehen soll, ist auf diese Frage nur äußerst schwierig zu antworten und kann komplett unterschiedlich beantwortet werden.

Frage 3: Wie denken Sie über die Risiken der Technologie, zum Beispiel im Zusammenhang mit dem Datenschutz und der Gesundheit der Nutzer?

Hier haben wir das gleiche Problem: Was sind die Datenschutzprobleme von Messern? Keine Ahnung. Hat das Messer einen GPS-Empfänger und speichert die Tracking-Daten in der Cloud? Dann ist auch das Messer ein Datenschutz-Problem. Aber VR braucht die Daten ja nicht in die Cloud zu schieben. VR kann datenschutzfreundlich oder total überwachungsmäßig umgesetzt werden.

Frage 4: Wird Virtual Reality in den nächsten Jahren für das Gaming federführend werden und sich letztendlich am Markt der Digital Games durchsetzen?

Zur marktwirtschaftlichen Durchsetzung von VR kann ich nichts prognostizieren.

Frage 5: Wie wird Virtual Reality den Alltag der Menschen und die Gesellschaft verändern?

Wie wird Virtual Reality den Alltag der Menschen und die Gesellschaft verändern? Das ist in der Tat eine interessante Frage. Aber Zukunft ist schwierig, daher schaue ich zuerst mal auf die Gegenwart: Pokémon Go. Dieses Spiel hat das Konzept der AR-Spiele in der breiten Masse etabliert. Ich gehe davon aus, dass wenn sich der Trend fortsetzt VR/AR ein neues Element für Spiele sein wird, die viele Menschen spielen. Es macht die Welt zum Spielbrett und bringt das Videospiel aus dem Computer, der Konsole oder dem Handheld heraus. Ich denke das wird unser Spielverhalten verändern. Andere Veränderungen kann ich derzeit nicht abschätzen, aber die Möglichkeiten sind mannigfaltig und reichen von Utopie bis Dystopie. Aufgabe von uns allen ist es die Entwicklung kritisch zu begleiten, auf Probleme aufmerksam zu machen und diesen gegebenenfalls entgegenzuwirken.

Experteninterview 3

Interviewpartner:

Mathias Windhager
Redakteur beim Magazin: Gameswelt.de

Schwerpunkt:
Digitaler Spielemarkt

Frage 1: Wie relevant wird Virtual Reality in den nächsten Jahren Ihrer Meinung nach für den Medienmarkt und speziell auch für den Markt der digitalen Spiele werden?

Meiner Meinung nach ist Virtual Reality aktuell ein ähnliches Phänomen wie seinerzeit 3-D-Fernseher. Schnell weicht der erste „Wow-Effekt" und die technischen Mängel treten in den Vordergrund. Beide Technologien scheitern durch einfache Gründe am Mainstream-Markt: Der enorme Anschaffungspreis, selbst im Fall von PlayStation VR, und potenzielles Unwohlsein. Dem Ottonormalverbraucher wird sich nicht der Mehrwert zu besagten Kosten erschließen. Abseits der Spielebranche sehe ich vor allem Augmented-Reality-Geräte (prominentes Beispiel HoloLens) im praktischen Gebrauch, da das Problem der Abschottung entfällt und durch Interaktivität mit der Umgebung mehr Einsatzmöglichkeiten bestehen, beispielsweise für Medizin oder Architektur.

Frage 2: Inwieweit stellt Virtual Reality So wäre einen Mehrwert gegenüber herkömmlichen Anwendungen und Videospielen dar?

Auf der Hand liegt die erhöhte Immersion. Das hängt allerdings in hohem Maße von der genutzten Software ab. Das „Mittendrin-Gefühl" kann ein Fernseher kaum erzeugen.

Kontraproduktiv ist allerdings die aktuell noch zurückgeschraubte grafische Aufwendigkeit von VR-Spielen und Versionen, da die Rechenleistung um einiges ansteigt. Für einen Rundumblick muss man, zumindest jetzt noch, mit technischen Einbußen leben.

Frage 3: Wie denken Sie über die Risiken der Technologie, zum Beispiel im Zusammenhang mit dem Datenschutz und der Gesundheit der Nutzer?

Langzeitstudien konnten natürlich noch nicht durchgeführt werden, aber es liegt auf der Hand, dass Virtual-Reality-Headsets, gerade bei noch wachsenden Menschen, die Bildung der Sehkraft beeinträchtigen kann. Schließlich hängt der Bildschirm nur wenige Zentimeter vor den Augen. Auch Haut- oder Augenkrankheiten sind ein mögliches gesundheitliches Problem, wenn auch eher im Fall von öffentlich genutzten Geräten. Übelkeit und Schwindelgefühle, allgemein bekannt als Motion Sickness sind zudem ein häufig auftretendes Problem.

Frage 4: Wird Virtual Reality in den nächsten Jahren für das Gaming federführend werden und sich letztendlich am Markt der Digital Games durchsetzen?

Nein, das denke ich nicht. Ich gehe davon aus, dass sich VR-Headsets nicht langfristig behaupten können, aber wer weiß das schon ohne Kristallkugel. Meiner Meinung nach überwiegen die negativen Aspekte (hohe Anschaffungskosten, eingeschränkte Beweglichkeit, Kinderkrankheiten, Motion Sickness und eine entsprechende Anzahl ernst zu nehmender Software) gegenüber den positiven. Es ist eine Trenderscheinung, die seit wenigen Jahren forciert wird. Ähnlich erging es schon den Smart-Watches. Hohe Kosten und ein geringer Mehrwert sind zumindest im Jahr 2017 meiner Einschätzung nach noch zu große Hürden, als dass die Geräte voll durchstarten und sich zum Standard entwickeln würden.

Frage 5: Wie wird Virtual Reality den Alltag der Menschen und die Gesellschaft verändern?

Wie Sie sicher schon herausgehört haben: Kaum, zumindest nicht in naher Zukunft. Mehr Chancen räume ich AR-Headsets ein.

Frage 6: Was sind die größten Hindernisse für einen Massenmarkt von Virtual Reality? Und wie könnten diese Probleme eventuell gelöst werden?

Diese Frage wurde ja bereits weitgehend von mir beantwortet. Problemlösungen wären die Mobilisierung der Geräte. Bereits jetzt sind Prototypen in Arbeit, die nicht länger durch einen dicken Kabelstrang mit einem Rechner verbunden sein müssen. Das bedeutet allerdings den notwendigen Einsatz interner oder externer Akkus, die das Gewicht erhöhen. Gleichzeitig muss die Rechenleistung derart ansteigen, dass auch VR-Brillen Stand-of-the-Art-Grafik darstellen können. Behält man das Mooresche Gesetz zur exponentiell steigenden Rechenleistung allerdings im Hinterkopf ist das die geringste Sorge. Dann sinken auch die Preise rapide.

Frage 7: Gibt es Ihrerseits noch Anmerkungen zum Thema Virtual Reality die ebenfalls unbedingt erwähnenswert sind und Bestandteil meiner Arbeit werden sollten?

Wie gesagt, meiner Meinung nach sind AR-Brillen weitaus zukunftsweisender als ihre VR-Pendants. Klammern Sie dieses Thema doch in Ihre Arbeit ein.

Glossar

Augmented Reality (Erweiterte Realität, kurz AR)

In der sogenannten erweiterten Realität vermischt sich die reale Welt mit der virtuellen Welt. Das Bildmaterial der realen Welt wird in Echtzeit mit digitalen Zusatzinformationen beziehungsweise virtuellen Grafiken erweitert und dem Nutzer präsentiert.

Avatar

Ein Avatar ist eine virtuelle Figur beziehungsweise ein Alter Ego, das einem Nutzer in einer digitalen oder auch vollständig virtuellen Realität zugeordnet wird.

Bildwiederholrate (angegeben in Hz oder FPS)

Die Bildwiederholrate ist die Anzahl der Bilder pro Sekunde (Frames per Second), die ein Ausgabegerät anzeigt. Sie ist abhängig von der Hertz-Zahl des verbauten Bildschirms. Um eine angenehme und realistische Illusion aufrechtzuerhalten, sollte ein Head-Mounted Display auch bei schnellen Bewegungen in komplexen Umgebungen eine hohe Bildwiederholrate (pro Auge) gewährleisten. Das menschliche Gehirn verarbeitet etwa 14 bis 30 Bilder pro Sekunde, weshalb Kinofilme oder TV-Inhalte mit mindestens 24 Bildern pro Sekunde erstellt werden. Hat ein Anzeigegerät zu wenig Hertz *ruckelt* das Bild.

Cloud

Cloud Computing ist ein Service der über das Internet Daten sammelt und bereitstellt

Consumer Electronics Show (Unterhaltungselektronikmesse)

Die International Consumer Electronics Show (kurz CES) ist eine der weltweit größten Fachmessen für Unterhaltungselektronik. Sie findet jährlich im Januar im Las Vegas Convention Center in Las Vegas statt. Veranstalter ist die Consumer Electronics Association (CEA), eine Handelsorganisation für elektronische Konsumprodukte in den USA.

E-Game (Electronic Game)

Ein E-Game (auch Computer- oder Videospiel genannt) ist ein digitales Programm, das einem oder mehreren Nutzern ermöglicht interaktive Spiele zu spielen. Umgangssprachlich wird auch der Begriff Game (englisch für Spiel) verwendet. Obwohl alle Spiele auf computerbasierten Geräten wie PC und Spielkonsole im Grunde Computerspiele sind, wird umgangssprachlich der Begriff Computerspiel vornehmlich für Spiele auf Heimcomputern verwendet. Der Begriff Videospiel bezeichnet meist alle digitalen Spiele und wird oft für Mobil- und Konsolenspiele verwendet.

Das Forschungsgebiet Game Studies befasst sich in theoretischer Hinsicht mit Videospielen, wobei die Spiele als Produkte und das Spielen als Handlung differenziert betrachtet werden.

Force Feedback (Haptische Rückmeldung)

Dank Haptik-Funktionen können Eingabegeräte und Game Controller den Nutzer, beispielsweise in Form von Vibrationen, spüren lassen wenn dieser mit der virtuellen Welt interagiert.

Gamescom (Videospielmesse)

Die Gamescom ist eine Veranstaltung in Deutschland, die gemessen nach der Ausstellungsfläche und Besucheranzahl, die weltweit größte Messe für interaktive Unterhaltungselektronik, insbesondere Video- und Computerspiele, ist. Zahlreiche Hersteller aus aller Welt präsentieren hier jährlich die neusten Innovationen sowie neue Soft- und Hardware.

Gyro-Sensoren (auch genutzt zum Head Tracking)

Mit Hilfe dieser Sensoren (Magnetometer, Gyroskop sowie Beschleunigungssensor) können elektronische Geräte, wie zum Beispiel auch Smartphones, die Lage, die Orientierung im Raum sowie die Beschleunigung und Bewegung des verwendeten Gerätes messen. Head-Mounted Displays und VR-Brillen können dank dieser Technologie beispielsweise die Bewegungen des Kopfes der Nutzer in der realen Welt erfassen und in die Virtual Reality übertragen.

Head-Mounted Display (kurz HMD)

Ein Head-Mounted Display (wörtlich für einen am Kopf befestigten Bildschirm) ist ein vor den Augen getragenes visuelles Ausgabegerät. Es präsentiert Bilder in der Regel auf einem augennahen Bildschirm. Je nach Ausführung und Zusammenhang nennt man das HMD auch VR-Brille, Videobrille oder VR-Helm.

High-End VR

High-End Virtual Reality beschreibt die Ausstattung der Hard- und Software eines VR-Systems und sagt zugleich aus, dass dieses auf dem neusten Stand der Technik ist. In der Regel beschreibt es einen sehr leistungsstarken Heimcomputer, mit einer professionellen Grafikkarte, und ein Head-Mounted Display der neusten Generation.

Immersion

Immersion beschreibt das Eintauchen in einen Bewusstseinszustand beziehungsweise eine Spielwelt, bei dem sich die Wahrnehmung der eigenen Person in der realen Welt vermindert und die Identifikation mit dem digitalen Avatar in der virtuellen Welt vergrößert. Ist der Grad an Immersion besonders hoch, wird auch von einer Präsenz gesprochen. Im Unterschied zur passiven filmischen Immersion erlaubt eine virtuelle Realität oft eine direkte Interaktion mit der virtuellen Umgebung. In der Regel wird durch Virtual Reality ein deutlich höherer Grad an Immersion erreicht.

Latenzzeit (Verzögerung)

Die Latenzzeit beschreibt die Verzögerung zwischen Nutzereingabe und der darauffolgenden Reaktion des VR-Systems. Je geringer die Latenzzeit, desto realistischer wirkt eine VR-Erfahrung, da die Situation so dem natürlichen Sehen des Menschen entspricht.

Let's Plays (auch Let's-Play-Videos genannt)

Let's Plays sind von Gamern erstellte Medieninhalte, die meist den Spieler und ein digitales Spiel während des Spielens zeigen. Der Let's-Player kommentiert dabei in der Regel seine Interaktion in der Spielwelt.

Metascore (Metacritic)

Metacritic ist eine Website, die Bewertungen für Filme, Musik, digitale Spiele, Bücher und Fernsehsendungen zusammenfasst und präsentiert. Dabei werden zu jeder der aufgeführten Kritiken ein Auszug und ein Link bereitgestellt. Metacritic berechnet für jeden gelisteten Medieninhalt einen sogenannten Metascore zwischen 0 und 100 aus verschieden Bewertungen der jeweiligen Fachpresse. Die Einstufungen der Seite haben vor allem bei Publishern von E-Games großes Gewicht. Einige Verträge von Publishern enthalten zum Beispiel Klauseln nach denen ein guter Metascore von Metacritic zu einer Bonuszahlung an den Entwickler führt. Selbst auf die Aktienkurse beteiligter Unternehmen haben die Bewertungen von Metacritic Einfluss.

Mixed Reality (Vermischte Realität, kurz MR)

Mixed Reality bezeichnet die Verbindung von echten mit virtuellen Welten, um eine neue Art von Umwelt und Visualisierung zu schaffen, in denen physische und digitale Objekte in Echtzeit miteinander interagieren.

Motion Sickness

Der Begriff Motion Sickness (auch als Reisekrankheit oder Simulatorkrankheit bezeichnet) beschreibt ein Gefühl des Unwohlseins, wie zum Beispiel Schwindel oder Übelkeit, welche durch eine Irritation der Sinnesorgane zustande kommen kann. In der Virtual Reality oder in realgetreuen Simulatoren, teilt der menschliche Gleichgewichtssinn dem Gehirn mit, dass keine reale Bewegung vorhanden ist, obwohl die visuelle Wahrnehmung eine andere zu sein scheint. Die genannten Umstände können während der Nutzung von Virtual Reality, zum Beispiel durch eine hohe Latenzzeit der Trackingsysteme (Verzögerung der umgesetzten Eingaben der erfassten Bewegungen des Nutzers), hervorgerufen werden. Auch in Fahr- und Flugsimulatoren und Erlebniskinos sowie beim Spielen in der Ego-Perspektive (auch als Ich-Perspektive bezeichnet, ist eine Kameraperspektive die oft in E-Games Verwendung findet) kann es zum Auftreten von Symptomen kommen. Erkrankungsfälle unter Computerspielern (Gaming Sickness) insbesondere bei Nutzung von einem HMD (VR-Krankheit) sind noch weitgehend unerforscht und es gilt diese zukünftig genauer zu beobachten.

Motion Tracking

Unter Motion Tracking oder Motion Capture versteht man ein Tracking-Verfahren, das es ermöglicht, jede Art von Bewegungen zu erfassen und in einen von Computern lesbares Format umzuwandeln. Software kann diese Informationen weiterverarbeiten und zur Steuerung von digitalen Anwendungen und Spielen verwenden.

Publisher (Videospiel-Publisher)

Der Begriff Publisher kommt aus dem Verlagswesen und bezeichnet oft im Speziellen ein Unternehmen das Computerspiele oder Computerprogramme veröffentlicht und vertreibt.

Room-scale Virtual Reality

Unter Room-scale VR versteht man eine Virtual-Reality-Umgebung, welche dem Nutzer erlaubt sich frei in einem gewissen Bereich des Raumes und dabei zeitglich in einer virtuellen Umgebung zu bewegen. Üblicherweise besteht ein Room-scale-VR-Setup (raumfüllendes VR-System) aus einem leistungsstarken Heimcomputer, einem Head-Mounted Display, Sensoren zur Bewegungserfassung sowie Motion Controllern.

Steam (auch Steam-Netzwerk genannt)

Steam ist eine Vertriebsplattform für digitale Spiele, Anwendungen, Filme, Musik und TV-Serien. Die Plattform wurde von der Valve Corp. entwickelt und von dem Unternehmen seit 2003 betrieben. Sie verzeichnet laut eigenen Angaben über 125 Millionen aktive Benutzerkonten.

Social Screen

Social Screen ermöglicht das Ausgeben des Bildes des HMDs am TV-Gerät. Somit werden unter anderem Multiplayer-Spiele mit nur einem HMD ermöglicht.

Social Virtual Reality

Social VR beschreibt das Zusammenkommen von Menschen in einer virtuellen Umgebung, während diese eine VR-Anwendung nutzen.

Virtual Reality (Virtuelle Realität, kurz VR)

Die Virtuelle Realität bezeichnet die Schaffung einer scheinbaren (computergenerierten) Welt in die der Betrachter beziehungsweise Nutzer vollständig eintauchen und interagieren kann.

Wireless Virtual Reality

Wireless VR bezeichnet das Spielen mit einem VR-System ohne die kabelgebundene Verbindung zu einem Heimcomputer oder einer Spielkonsole.

Glossar (Wörterverzeichnis mit Erklärungen) in Anlehnung an folgende Quellen selbst verfasst: Dörner, Ralf; Wolfgang Broll; Paul Grimm; Bernhard Jung (2013): „Virtual und Augmented Reality (VR/AR): Grundlagen und Methoden der Virtuellen und Augmentierten Realität", Verlag: Springer Vieweg, Berlin Heidelberg und Kutter, Alexander; Christoph Spinger (VR Nerds GmbH): „vrnerds.biz" und „vrnerds.de", unter: http://www.vrnerds.de/vr-glossar/ (aufgerufen am: 24.04.2018)

Danksagung

An erster Stelle möchte ich meinem Professor und Mentor Herrn Prof. Dr. Renatus Schenkel danken. Vielen Dank für die großartige Unterstützung seitens des Unterrichts und für die Anschaffung der Technik für unsere Forschung. Herrn Prof. Dr. Berthold Petzinna danke ich für die gute Betreuung und große Kompetenz während meiner Zeit des Studiums. Der Hochschule Magdeburg-Stendal und allen Mitarbeitern der Fakultät Gesundheit, Soziales und Medien danke ich für meine gute Ausbildung. Und ich bedanke mich bei meiner Familie für die Unterstützung bei der Verwirklichung meiner beruflichen Ziele in Form meiner Berufsausbildung und meines Studiums.

Informationen über den Autor

Nikolayi Engelmann (geboren in Bremerhaven) entschied sich nach der Schule und dem Wehrersatzdienst eine Berufsausbildung zum Mediengestalter für Digital- und Printmedien in Bremen zu absolvieren. Bereits seit seiner Jugend faszinierte ihn die Konzeption und Gestaltung von Medien. Wenig später entschied er sich, seinen Weg fortzusetzen und wählte Journalistik und Medienmanagement als Studium an der Hochschule Magdeburg-Stendal. Interaktive Medien sind schon lange die Passion des Autors und so kam es im Rahmen des Studiums zu dieser Bachelorarbeit.

Zeitfracht Medien GmbH
Ferdinand-Jühlke-Straße 7
99095 Erfurt, Deutschland
produktsicherheit@kolibri360.de